歸去來兮陶淵明

浩渺蒼穹下的璀璨巨星
——「人文江西叢書·歷史文化名人傳記系列」總序

P R E F A C E

朱虹

對於江西歷史文化之繁盛與文化名人之頻出，我經歷了一個由疑到信、由紙上感知到實地認同的過程。

少時誦讀《古文觀止》，唸到唐代王勃的千古名文《滕王閣序》，對於其中的「物華天寶」「人傑地靈」「雄州霧列，俊采星馳」等佳句，總以為那不過是才子王勃接受地主盛情款待之後的客套之言、觥籌交錯間的答謝之詞，當不得真，所以一笑置之。及至讀書稍多，翻看廣為傳頌的中華文化經典，我發現自己的目光總是會碰到陶淵明、歐陽修、王安石、黃庭堅、湯顯祖等文化巨人的名字。他們或開宗立派，或登峰造極，建構起了中華強健雄渾、源遠流長的文心學脈，在不同的文化層面上、不同的歷史進程中，為華夏文明的進程做出了無與倫比的巨大貢獻。而最讓我訝異的是——他們都是與我的家鄉湖北一江之隔的江西人！有時，江西老表甚至一改他們慣常的低調，抑制不住地自豪宣示自己的「濟濟多士」。如宋代的文壇領袖歐陽修就曾得意地說：「區區彼江西，其產多材賢。」南宋的李道傳給前輩楊萬里作諡告，開頭就說：「竊觀國朝文章之士，特盛於江西。」他怕別

人狐疑，乾脆列出證據：「如歐陽文忠公、王文公、集賢殿學士劉公兄弟、中書舍人曾公兄弟、李公泰伯、劉公恕、黃公庭堅，其大者，古文經術足以名世；其餘則博學多識，見於議論、溢於辭章者，亦皆各自名家。求之他方，未有若是其眾者。」此外還多有「人物之盛甲於東南」等說法。你會說，這是宋代這一特殊時期的文化湧噴現象吧。實則不然。即使到了常常被人們認為衰敗、落後的近代，江西亦有其光彩奪目之處，如詹天祐、陳寅恪、傅抱石、鄒韜奮、胡先等。1948 年 4 月，當時的學術聖殿——國立中央研究院嚴格推選出中國第一屆 81 名院士。當年 9 月 24 日，學術大師胡適先生在日記中以列表的形式統計出「各省份配」表，其中江西僅次於人文淵藪江浙與風氣漸開的廣東，位居第四，達 7 人之多。而對於自己的老家安徽，胡適則幽幽地表達「只有我一人」的遺憾。2010 年，我有緣來到江西工作，對江西古代風流輩出的特點，則更是由原來的紙上認識，深化為實地的切身感受。因為分管文化與旅遊，我得以走遍了江西全部縣域。在廣袤的山川大地間行走，經常邂逅古代文化名人的舊居故地等與他們密切相關的文化遺存。千載之下，流風所及，這些文化先賢仍然給江西大地以深遠的人文影響。山川秀美，人才輩出，優

美的自然風光與悠久的人文歷史相得益彰，用「鍾靈毓秀」一詞來形容江右大地，再貼切不過了。江西向來與楚相連，我這個楚人，足之所至，日久情生，由瞭解到感佩，不能自已，對江西這方土地的歷史人文，日益生出無上的敬意與溫情。

關於江西群星璀璨的文化名人現象，研究的大方之家極多，成果宏富。有兩點，我以為值得特別指出：

其一是，江西古代文化名人存在集中湧現的現象，出現了諸多典型的家族與群體。這並非偶然，而有江西地理與歷史方面的原因。江西自古就被稱為「吳頭楚尾，粵戶閩庭」。在歷史的發展長河中，江西這方「形勝之區」，成為中原文化南下進程中理想的人文沉積區。自秦漢至趙宋，江西這方溫潤、開放的土地，至少接納了晉室衣冠南渡、唐代安史之亂後中原文明南遷、宋代靖康之變後宋室南渡等多次南遷的菁英文化族群，吸納外來先進文化而加以本地教育的孵化與沉積，以致於哺育出了諸多文化世家。因開放而創造，這值得我們關注，更給了我們諸多來自歷史深處的啟示。

其二是，江西文化名人，與江西文化創造互為表裡，深蓄厚積。我曾經總結出冠絕華夏的江西十大文化現象，即書院文化、陶瓷文

化、茶業文化、藥業文化、稻作文化、造紙文化、礦冶文化、風水文化、宗教文化、商幫文化。所謂人文，即意味著文化的背後最重要的因素是人，在進行文化創造，也吸取文明教化。風流輩出的江西文化名人，與厚重突出的江西文化現象相輔相成，人文合一。

照古觀今，繼往開來，歷史文化名人需要致敬與追懷，更需要傳承與弘揚。在分管江西文化工作時，作為一名管理工作者，盡己所能，我做過一些工作，也足以欣慰地取得了一些為社會所認同的成績。在以文字來推介與宣傳江西歷史文化方面，我主編了《江西風景獨好旅遊文化叢書》十卷本，撰寫了文化大散文《風流江西》，最近又與知名歷史學家方志遠教授合撰了普及性的《江西人文讀本》。隨著實踐、思考與寫作的深入，我越來越意識到，文化中最為終極的力量，無疑來自於「人」這一核心。山川因人而有精氣神，文化賴人而得以創造與發展。有鑒於此，我欣然接受二十一世紀出版社集團的邀請，主編了這套「人文江西叢書·歷史文化名人傳記系列」。我們試圖堅持「大事不虛、小事不拘」的原則，既反對毫無根據，過度演義，也拒絕學院式、專業考證性著作，希望以一種文化性與可讀性兼具、雅俗共賞、既為專業圈叫好且讀書界叫座的大眾傳記讀物的方

式，在集群式記錄江西歷史文化名人的生平、事功、貢獻等基礎上，展示他們獨特的人格魅力與風采；待人物傳記成熟後，進而在「人文江西叢書」的板塊下推出「文化形態系列」圖書（如書院、陶瓷、古村、禪宗等突出之江西文化形態或者代表性文化符號）、「地域文化系列」圖書（如紅色文化、廬陵文化、臨川文化、客家文化等特色獨具之地域性亞文化板塊）等，由此人、物、文化縱橫合一，呈現出江西人文歷史的豐富內涵，從人文的角度接續歷史深處的精神動力，建構江西地域文化認同感，大力傳播江西文化，服務於當代江西社會經濟的建設與發展。

近年來，二十一世紀出版社集團不僅在本色當行的少兒專業出版中屢創新高，還「破門而出」，努力「跨界」，提出「以少兒出版安身，以重大題材立命」的自我定位，推出了諸如《瓷上中國》《千古悲摧帝王侯——海昏侯劉賀的前世今生》《並世雙星：湯顯祖與莎士比亞》等廣為人們稱道的江西文化題材著作。我相信，「人文江西叢書‧歷史文化名人傳記系列」圖書，能在這一領域錦上添花。

上述文字，既表達我對江西歷史文化名人現象的一點思考，也以此作為叢書推出的「開場鑼鼓」。

目　錄

CONTENTS ——————————————————————— — ——

第一章

出身與家世

一

公元 365 年，東晉大司馬陶侃的孫子陶逸家，一個嬰兒出生，他就是陶淵明，字元亮，一說名潛，字淵明。

盧山山麓的西南，離歸宗寺有二十多里的路程，一路上都是溝渠和田埂，空曠的田野，溪流環繞，莊稼下垂，繁多茂盛。走出三五里，就出現一座村莊，其間有處溫泉，泉邊的青草叢中，不時鑽出幾朵野花。

栗里，也是南村，坐落於山南虎爪崖下，村前小溪流淌，西側一座石橋，跨越清風溪，當地人稱柴桑橋。橋頭樹木交蔭，鳥兒在枝頭鳴叫，又墜落在水面上。往前走十幾里，就是柴桑口——陶淵明小時候釣魚和遊玩的地方。這裡的山川景色給他烙下美好的記憶。辭官歸隱後，他在這裡種豆、採菊、會友、讀書、寫詩、獨飲、醉酒，創作出大量帶有山野氣息的詩。

陶淵明生長的這個地方，環境優美，一年四季有著不同的風格，讓人陶醉其中。大自然是偉大的導師，給予人們的不僅是靠山吃山、依水吃水的塵俗道理，還會用愛塑造人格。

快樂的童年，不在於家庭有多麼富裕的物質條件，而在於給予自由的環境。家是人生的源頭，生活模式留下的印記、家族中的事蹟影響人的一生。陶淵明的幼年是王謝士族掌握實權的時代，但已經走向沒落。東晉時代的門閥世族觀念嚴重，社會上對出身門第看得特別重。每個人的出生雖由不得自己，但那個時代生下來就有貴賤之分。

世族出身的人天生高貴，官位分成等級，實行所謂的「九品中正制」。陶淵明年輕時未能免俗，無法掙脫陳腐觀念的束縛。他曾請出祖先的功績，證明家族的歷史背景，提高自己的社會地位。

對陶淵明產生影響的主要有兩個人：他的曾祖父陶侃和外祖父孟嘉。陶侃與孟嘉是截然相反的人，兩個人對人生的態度不一樣。陶侃信奉儒家思想，不甘心平庸度過，積極要求進取；做事情絕不憑感情衝動，始終謙虛低調，謹小慎微。孟嘉則不同，他是魏晉時代風流名士的代表人物，信奉老莊思想，自由灑脫，獨尊獨行。兩個人思想的分子，同時流淌在陶淵明的血脈中。

晉孝武帝太元十八年（公元 393 年），陶淵明的長子七歲，到了起名字的時候。他期盼兒子以後能以家族的顯赫為榮，便常追憶祖先的蹤跡，述說遙遠的往事，為此特撰寫《命子》，表達對下一代人的希望，教育兒子不要平庸無為，必須做有抱負的人：

悠悠我祖，爰自陶唐。
邈焉虞賓，歷世重光。
御龍勤夏，豕韋翼商。
穆穆司徒，厥族以昌。

紛紛戰國，漠漠衰周。
鳳隱於林，幽人在丘。
逸虯繞雲，奔鯨駭流。
天集有漢，眷予愍侯。

於赫愍侯，運當攀龍。
撫劍風邁，顯茲武功。
書誓河山，啟土開封。
亹亹丞相，允迪前蹤。

渾渾長源，蔚蔚洪柯。
群川載導，眾條載羅。
時有語默，運因隆寙
在我中晉，業融長沙。

這首詩共有十節，三百二十字，這是陶淵明為祖先立下的碑文。每一個字堅如磐石，豪華落盡見真淳。

陶淵明梳理家族的根系，陶家的祖先是從陶唐氏開始。陶唐氏即為堯帝。堯住的地方稱為陶，即山東定陶附近，後堯又遷徙到唐地，即現在的河北唐縣，所以稱為陶唐氏。

二

公元 334 年，陶淵明的曾祖父陶侃去世。陶侃在晉朝是重要人物，曾經參加平杜弢的流民起義和蘇峻之亂，為東晉王朝立下功勞。陶侃一生做過江州、荊州兩州刺史，都督八州軍事，封長沙郡公。他死後被追封大司馬，謚號為桓，也有人稱他為長沙桓公。

陶侃於公元 259 年出生，東晉廬江潯陽（今湖北黃梅西南）人，

字士行或士衡。他出生在三國時期，公元 334 年去世，此時已是東晉咸和年間。他經歷過兩個朝代，在動亂中度過一生。

陶侃出身卑微，開始時做縣令，後來升為郡守。他和母親住在一起，家裡的生活非常困難。他在鄱陽縣做小官時，有一年的冬天，大雪紛飛，已經接連數天，天地間一派素白。名士范逵帶著侍從路過，雪大辨不清道路，人馬疲憊實在走不動了，便來到陶家借宿。陶侃的母親湛氏，為人處世精明，她知道這是求之不得的機會，將對兒子仕途上的發展起到重要的作用。她對兒子說，什麼事也不要操心，只管招待客人，免得讓人家感到被冷落，其他的事情她想辦法解決。

當時家中無多餘的錢財招待遠來的貴客，湛氏便毫不猶豫剪掉長髮賣點錢，換回不多的糧食；她沒有多想，又把海根屋柱子都砍下一半當柴燒；並把草墊子都剁碎了，當作草料餵范逵一夥人的馬匹。

陶侃的家不富裕，不僅物質上盡全力招待，還以熱情打動客人的心。范逵離開陶家時，陶侃身穿單薄的衣裳，不顧風寒的侵襲，踏著厚雪，送出一百多里路，還是不肯回去。范逵明白對方的心思，也喜歡他做人的耿直，真誠地說：「卿可去矣。至洛陽，當相為美談。」范逵回到官府後，宣傳陶侃的人品，極力向上推薦。終於有一天，等到了適當的機會，范逵在廬江太守張夔面前讚賞陶侃，於是這位太守任命陶侃為督郵。

從西晉到東晉轉變的關鍵時期，陶侃因為功績，被朝廷委以重任，為荊江二州刺史、都督八州諸軍事，封長沙郡公。陶淵明是在曾祖父去世三十一年後出生，未曾見過曾祖父。曾祖父在他的心目中，

是血脈的來源，也是一個可望不可即的傳說。想像中的曾祖父，這個長沙郡公，一定英武瀟灑，氣概衝天。他功勳卓著，為人們所敬重。陶侃到了年老的時候，深受皇帝的信任，已經功成名就。但他做人低調，沒有坐在功勞簿上自傲，反而做出常人難以理解的舉動──告老還鄉。陶淵明自豪地說，面對這樣高尚的人，還有人敢說三道四嗎？《世說新語》中記云：

> 陶公疾篤，都無獻替之言，朝士以為恨。仁祖聞之，曰：「時無豎刁，故不貽陶公話言。」時賢以為德音。[1]

晉明帝司馬紹於公元 325 年鎮壓王敦之亂時，因病而亡故。他在位僅四年，時年二十七歲。他五歲的兒子司馬衍繼位，即晉成帝。太后庾文君臨朝稱制，外戚庾亮掌握當朝的實權。庾亮排斥王導，私自修改晉明帝的遺詔，他不但拒絕褒獎陶侃、祖約等各有功大臣，反而不聽忠言，徵召蘇峻入朝。公元 327 年，蘇峻聯合祖約發動叛亂，一路攻入建康。庾亮無力抵擋，厚著臉皮求助荊州刺史陶侃。陶侃為人坦蕩，不糾纏過去的事情，起兵擊敗蘇峻、祖約的叛亂，東晉至此轉危為安。這是東晉朝一次重大的轉折點，也是陶侃最大的功績，從此陶侃不再受擠壓，一直受人尊崇。

陶侃去世後，朝士不是盼他為朝廷留下什麼有用的話，而是責怪他沒有向上推薦官員。這些朝士們都希望他離開前，能將自己推薦上

1　［南北朝］劉義慶編著：《世說新語》，第 57 頁，哈爾濱：哈爾濱出版社，2004年版。

去。但結果他什麼都沒做。

蘇峻，字子高，長廣郡掖縣（今屬山東）人。父親蘇模做過安樂相。蘇峻少為書生，滿腹才學，仕郡為主簿。他十八歲舉為孝廉。永嘉之亂時，中原地區百姓流亡。蘇峻家鄉人聚眾舉事，他借此糾合數千家，在本縣修築堡壘。當時的各路豪傑，每個人都有聚集的徒眾，蘇峻的勢力最為強大。他派徐瑋於各個屯落傳達文告，宣揚王化，又將遺棄無主的枯骨收拾入土埋葬。這件事情贏得了民心。為回報他的恩義，眾人推舉他為主，組織隊伍在海邊的青山中搞軍事演習。晉元帝得知後，封其為安集將軍。因此他既是朝廷命官，又是各自所統流民的主帥。公元 319 年，當時青州刺史曹嶷與王彌聚眾，曹嶷想拉攏蘇峻，上表朝廷請求任命蘇峻為掖縣縣令，他沒有接受，以生病為由推脫任命。曹嶷忌恨蘇峻得到眾人擁護，成為心頭大患，想盡辦法討伐他。蘇峻選擇走為上策，率領徒眾數百家，渡海向南方轉移。到了廣陵，朝廷嘉獎他從遠處來到，改任他為鷹揚將軍。

這是一個最佳時機，周堅在彭城謀反，蘇峻配合官軍討伐周堅立下戰功，授任淮陵內史，後升任蘭陵相。此後，蘇峻因討伐王敦、沈充做出貢獻，被朝廷封為冠軍將軍，出仕歷陽內史。蘇峻這時兵強馬壯，擁有精銳部隊一萬多人。擔當守衛江北的重任交給他後，他的野心便大了起來。他目中無人，招納一些亡命徒，竟圖謀不軌。

公元 325 年八月，晉明帝突然患上急病，病勢凶猛。在生命垂危之時，他召太宰司馬羕、司徒王導、尚書令卞壼等人入宮，接受臨終之囑。明帝立太子司馬衍為帝，要他們三人盡心輔佐。

晉明帝死去，太子司馬衍繼位，即晉成帝。成帝只有五歲，由明帝庾皇后攝政，王導與世族地主和外戚潁川庾亮輔政。庾亮發現蘇峻一身叛骨，不可一世的驕橫，早晚要成為禍亂之源。他們便想辦法奪去蘇峻的兵權。晉成帝咸和二年（公元 327 年）十一月，蘇峻勾結豫川刺史祖約，以討庾亮為名舉兵渡江。

蘇峻在石頭城作亂，天子被逼遷，溫嶠和庾亮投奔陶侃。陶侃認為蘇峻暴亂的原因，是由庾家兄弟外戚獨裁引起的，並發出「誅其兄弟，不足以謝天下」之聲。此事雖與庾亮無關係，但他出於害怕，不敢面見陶侃。溫嶠苦心相勸庾亮，即使去也沒有事，他對庾亮說：「溪狗我所悉，卿但見之，必無憂也。」結果是「庾風姿神貌，陶一見便改觀。談宴竟日，愛重頓至」。陶侃是溪蠻聚居區的人，溫嶠在背後呼他「溪狗」。在虛情假意的官場背後，這樣叫陶侃的人，恐怕不止溫嶠一個人。陶侃立下的功績，手中掌握的兵權，對門閥政權是極大的威脅，引起他們的猜忌。

陶侃做事認真，憑藉自己的努力，從督郵做起，一路官運比較順暢。當時一個人的出身，不是金錢和官級可以改變的。陶侃低賤的出身，常被人奚落，他已經做到八州都督，還被人罵作溪狗。

《晉書·陶侃傳》中說陶侃「望非世族，俗異諸華」。這幾個字足以說明，陶侃的家族沒有地位。陶侃是溪族人。據史料考證，溪族是廬江蠻荒地區一帶，以捕魚為業的部族。陶侃原本從事漁業，做過魚梁吏的小官。

玄虛曠誕風氣在那個時代盛行，影響一些人虛擲時間。陶侃瞧不

起遊手好閒、沉迷賭博的人。他對手下的人，不斷地敲響警鐘說：「大禹聖者，乃惜寸陰，至於眾人，當惜分陰，豈可逸游荒醉，生無益於時，死無聞於後，是自棄也。」大禹已經是聖人，並不高高在上，還說珍惜光陰，不浪費每一寸。我們大家都是普通人，能比大禹還厲害嗎？必須惜金一般地守住時光。一個人活著的時候對社會毫無用處，死了以後，誰能想起你，那麼活著有什麼意義？自暴自棄的人，混日子才那麼做。有一次，陶侃聽說手下的人，因為賭博耽誤公事，便下令把賭具扔進河裡，執以鞭刑，以示懲罰。

陶侃為官一任，清正廉潔，這與他母親的教導有關。《晉書・列女傳・陶侃母湛氏》一書中說：

> 侃少為尋陽縣吏，嘗監魚梁，以一坩鮓遺母。湛氏封鮓及書，責侃曰：「爾為吏，以官物遺我，非惟不能益吾，乃以增吾憂矣。」

陶侃做魚梁吏時，讓下屬把官家的魚乾送到家中。母親湛氏不肯接受，將魚乾退給來人，並捎話給兒子進行批評。這件事情體現陶侃母親湛氏做人耿直，是非分明。在母親的影響下，陶侃遇到有人上門送禮時，會問清緣由，屬於自己的收下，但要有回禮。如果是別有用心的賄賂，他會不分場合地斥責送禮之人，當面退回全部東西。

陶侃是受苦人出身，特別愛惜百姓的財物。有一次，陶侃遇到一個人拿著尚未熟透的稻穀，他不高興地問，稻穀未熟透，你拿來有什麼用呢？那個人滿不在乎地回答，看見稻子覺得好玩，隨便抓上一把。陶侃聽後壓制不住怒火，大聲地訓斥他不僅不種田，還毀壞別人

的莊稼，並下令鞭打懲罰。老百姓聽說此事後，擁護陶侃的做法，為有這樣的官感到高興。

「陶公性檢厲，勤於事。作荊州時，敕船官悉錄鋸木屑，不限多少。」[2]陶侃任荊州刺史時，不浪費一點東西。命令建造船的官員，收集鋸木屑，人們都不理解他的用意。正月初一，久雪初晴，大堂前的台階清除雪以後仍然濕滑。這時候，陶侃讓人用積下的木屑覆在上面，防止進出的人滑倒。

官府用的毛竹，陶侃命令將截下的根部歸攏起來，在院子裡堆積如山。後來桓溫伐蜀，組裝戰船的材料，就用這些竹頭作釘子。有人認為陶侃摳門，但從另一個角度說，有胸懷的人做任何事情，不會放過每一處細節，這是成功最根本的東西。

西晉末年，流落在荊湘地區的巴蜀流民，飽受官僚和地主的欺壓，他們對西晉的統治充滿怨恨。永嘉五年（公元 311 年）一月，巴蜀流民李驤率先扛起義旗，在樂鄉舉行起義，攻燒南平殺死縣令。荊州刺史王澄派成都內史王機率軍前去鎮壓，在形勢的逼迫下，李驤只好投降。王澄背信棄義，見風使舵，表面答應李驤提出的要求，暗中卻派軍襲殺李驤於寵洲，以李驤的妻子為賞，滅絕人性地把八千多流民淹死在江水中。這一舉動，激起巴蜀流民的極大仇恨，杜疇、蹇撫等人率眾在湘州再次舉行起義，進攻南平等郡縣。湘州參軍馮素向湘州刺史荀眺誣告說道：「巴蜀流民皆欲反。」荀眺心狠手辣，準備殺

2　[南北朝] 劉義慶編著：《世說新語》，第 101 頁，哈爾濱：哈爾濱出版社，2004 年版。

盡所有巴蜀流民。被逼之下，巴蜀流民爆發大規模的起義。十多萬巴蜀流民全部起來進行反晉鬥爭，推舉杜弢為首領。

杜弢，宇景文，蜀郡成都的秀才，他以豐富的才學遠近聞名，曾任醴陵縣令。李特在蜀起義的時候，他避居在南平，等待時機的到來。李驤帶領義軍攻打南平，杜弢則東下巴漢，與巴蜀流民中的同鄉聚在一起，「懼死求生，遂相結聚」，決然加入到流民起義的隊伍中。

王敦急忙派陶侃與周訪帶領隊伍將杜弢的起義流民鎮壓下去，又營救出被起義者襲擊的荊州刺史周顗。王敦聽到勝利的消息說：「若無陶侯，便失荊州矣。」他上表為陶侃請報寧遠將軍、南蠻校尉、荊州刺史，領導西陽、江夏、武昌，先後駐屯沌口和沔江。在以後的作戰中，陶侃也有失敗的時候，曾因戰敗被免官。王敦上表請陶侃失職受罰，戴罪立功，繼續參與平亂，最終擊敗杜弢。

王敦雖重用陶侃，心中卻忌恨他的才能。平定杜弢叛亂後，速將他調任廣州刺史。陶侃無後台撐腰，又無實力與王敦抗衡，只得強忍屈從。

陶侃受到打擊，來到陌生的南方以後，對自己的要求從未放鬆，為了強身健體，每天堅持鍛鍊。他的方法與眾不同，簡單而且實用，每天早晨把一堆磚瓦從一處搬運到另外一處，晚上再把它們移回原處，「朝夕運甓以習勞」。一些人對陶侃的舉動不理解：這種無效的勞動有何意義？為什麼做無用的事？陶侃回答說：「吾方致力中原，過爾優逸，恐不堪事，故自勞耳。」陶侃耐心地說，要為理想努力，我的目標是未來治理中原，現在過優裕生活，消耗堅強意志，將來恐

怕難當大任。機會是給有準備的人，王敦死後，陶侃又回到荊州。

蘇峻的作亂事件，晉成帝的舅舅庾亮有不可推卸的責任。陶侃擔任軍中的最高統帥，借此理由，可以名正言順地殺掉庾亮，從內心來講，他也想殺此人。當庾亮被帶到陶侃面前請罪，他卻忍氣吞聲，「談宴竟日，愛重頓至」，對庾亮沒有動手。在重大事情的關頭，陶侃不是快刀斬亂麻，這是心理的自卑自謙作怪，不敢觸動豪門權貴，反而做出寬大的處理。可陶侃死後，以庾亮為首的權貴們，不是感激陶侃當初的不殺之恩，反而奏報朝廷廢掉他兒子陶夏的世襲官爵，殺了另一個兒子陶稱。

門閥士族崇尚浮華之風，王導、庾亮、溫嶠這些名臣，也以儒雅風流自任。陶侃在官場上是孤獨的，僅憑一己之力在官場奮鬥一生，卻未能使家族進入門閥階層。陶侃去世後，家族在社會上的地位有減無增。陶侃的爵位繼承人陶夏，因殺害與其爭奪爵位的弟弟陶斌，被庾亮放黜。陶侃的另一個兒子陶稱，曾經率領二百人到武昌見庾亮，被庾亮所殺。庾亮上書朝廷，列出陶稱的系列罪責，說他「父亡不居喪位，荒耽於酒，昧利偷榮」。庾亮陰險地說，看在陶侃效忠於王室的份兒上，「依違容掩」，陶稱「豺狼愈甚，發言激切，不忠孝，莫此為甚」，讓他接受法律的制裁，降低在社會上的不良影響，使國家衍平安昌盛。庾亮的真實目的其實是消滅陶氏家族的實力。

陶侃活著的時候，風光無限，位高權重，甚至決定政局的走向，但他未被門閥政治的中心承認，他的家族談不上地位。

隱逸作為其家族傳統的一個方面，是他最後的歸宿，但並非他首

要的選擇。正如隱逸在陶氏家族傳統中只居於次要的位置一樣，他的歸隱只是退而求其次。但他畢竟通過隱逸之路進入了家族傳統之中，繼承了傳統，然後生活在其中。他雖未能光大家族傳統的主導方面，卻自覺地歸屬了它的次要方面。在隱逸的舊天地裡，他寫下了不朽的新篇。說陶淵明的隱逸與他的家族傳統相關，並不等於否認古代隱逸文化傳統和時代隱逸風尚對他的影響。因為他家族傳統的建構正是充分地吸收了古代優秀的傳統文化養料，以現實生活為立足點的。[3]

陶家後代遭受庾亮和門閥階層的打壓，其勢力如同退潮的海水迅速退去，況且陶家在上層社會沒有扎牢根基，從此一蹶不振。《晉書・陶侃傳》中記載陶家曾經是「媵妾數十，家僮千餘，珍奇寶貨，富於天府」。這是過去的事情，到了陶淵明父親這一輩，陶家已經衰敗，不能同從前相比。陶淵明在《命子》詩中，談到父親的話不多，寥寥幾筆。憶起父親陶逸，他充滿寬仁慈愛，不是那麼苛刻。陶逸做過小官，又幾度辭官，是隨遇而安的人，不會與人爭功奪利，對於為官的陞遷也並不在意，做事順其自然。陶淵明父親對功名利祿的看法，對陶淵明也有所影響。

父親不如老一輩做的官大，曾任安城太守。陶淵明八歲那一年，父親去世，從此陶家跌落到貧寒的深淵中。

3　楊合林著：《陶氏家族傳統的建構與傳承──從陶淵明〈命子〉詩談起》，原載《江西社會科學》，2001 年，第 10 期。

三

陶淵明的外祖父孟嘉，公元 296 年出生，字萬年，江夏郡（屬荊州刺史部）人，他的祖上做過三國時期吳國的高官。孟嘉有著良好的家庭背景，從小品德高尚，得到人們的敬重。陶淵明的父母是姑舅親，陶孟兩家為世交，走得非常近。陶淵明經常聽母親說起外祖父的故事，所以十分敬重他。

母親去世時，陶淵明懷念離開的親人，為其外祖父寫下《晉故征西大將軍長史孟府君傳》。傳中的長史即指孟嘉：

……始自總發，至於知命，行不苟合，言無誇矜，未嘗有喜慍之容。好酣飲，逾多不亂，至於任懷得意，融然遠寄，傍若無人。……

陶淵明對外祖父孟嘉特立獨行，平素好喝酒，頗有魏晉風度的性格相當推崇，以至影響他的人生態度。

庾亮，字元規，他是庾琛的兒子，是一個政治家和軍事家。東晉建立之前，曾任丞相參軍，參與討伐華軼有功。東晉建立以後，先後任中書郎、散騎侍郎、中書監、護軍將軍、中書令、江荊豫三州刺史等職。

庾亮的精力主要放在政治和軍事上，也愛好玄談，重視文化藝術的發展。他推崇老莊，又能恪守儒家禮法。他在文學和書法等領域，均有很大的成就。

東晉初年，中書令庾亮出鎮江州，他早聽說當地才子孟嘉，於是想召他為官，處理日常的軍務。有一次，庾亮的朋友、豫章太守褚裒，由豫章來見庾亮。時間是正月初一，老友難得相逢，庾亮設宴款待，請江州大小官員和一些名人賢士陪客。褚裒久聞孟嘉的才名，但一直找不到見面的機會。他隨便地問道，江州才子孟嘉今日是否在場？酒場的規矩相當嚴格，不是隨意亂坐，必須按官職排座次，孟嘉是小官，座位排在角落。庾亮想測試老友的眼力，對提出的問題不作回答，笑呵呵地說，那要看你的本事，能否在眾人中認出他。褚裒掃過在座的每一個人，捕捉到一雙與眾不同的眼睛，目光清明而堅定。褚裒心中有底，沉思一下，指著坐在偏處的孟嘉說，這位年輕人氣度不凡，一定是孟嘉吧？庾亮佩服老友辨人的能力，在眾人中一眼認出孟嘉。一段小插曲，讓庾亮十分高興，從此對孟嘉格外關照，想有機會重用。

　　孟嘉與菊有緣分，永和元年（公元 345 年）九月九日，他隨荊州刺史桓溫等人遊龍山，登高趨吉祛災，賞菊吃九黃餅。桓溫帶著文武官員，一路上說笑，在山頂上設宴。天高氣爽，暑熱大消，清新的秋風迎來收穫的季節。大小官員非常看重這個日子，都身著正裝圍坐在一起，舉杯慶祝。一陣突來的山風，將孟嘉的帽子吹落到地上，由於他的精力集中，竟無一點察覺。古代禮儀，在公共場所不能隨意脫帽，摘帽意味自認有罪，或屈服於對方。

　　觀菊給桓溫帶來好的心情，他看著帽子，用目光示意大家不要說話，看孟嘉有什麼反應。孟嘉和身旁的人碰杯，不時說助興的酒話，竟渾然不覺。不一會兒，他離開座位出去方便。桓溫叫人撿起孟嘉的

帽子，他讓人拿來紙筆，命諮議參軍孫盛，寫一短文，借此戲弄一番。《晉書・桓溫列傳》記載：「嘉還見，即答之，其文甚美，四坐嗟嘆。」孟嘉做人的風度和才思的敏捷，後人傳為佳話，也成為重陽節登高的典故。「龍山落帽」「孟嘉落帽」「落帽參軍」「參軍帽」「風落帽」，也用來形容瀟灑儒雅、風度寬宏的人。此後，人們把重陽節也稱為落帽之辰。陶淵明在《晉故征西大將軍長史孟府君傳》一文中讚頌外祖父孟嘉：

君諱嘉，字萬年，江夏鄂人也。曾祖父宗，以孝行稱，仕吳司空。祖父揖，元康中為盧陵太守。宗葬武昌新陽縣，子孫家焉，遂為縣人也。君少失父，奉母二弟居。娶大司馬長沙桓公陶侃第十女，閨門孝友，人無能間，鄉閭稱之。沖默有遠量，弱冠，儔類咸敬之。同郡郭遜，以清操知名，時在君右，常嘆君溫雅平曠，自以為不及。遜從弟立，亦有才志，與君同時齊譽，每推服焉。由是名冠州裡，聲流京邑。太尉潁川庾亮，以帝舅民望，受分陝之重，鎮武昌，並領江州，辟君部盧陵從事。下郡還，亮引見，問風俗得失，對曰：「嘉不知，還傳，當問從吏。」亮以塵尾掩口而笑。諸從事既去，喚弟翼語之曰：「孟嘉故是盛德人也。」君既辭出外，自除吏名，便步歸家。母在堂，兄弟共相歡樂，怡怡如也。旬有餘日，更版為勸學從事。時亮崇修學校，高選儒官，以君望實，故應尚德之舉。……

孟嘉堅守做人的標準，不會卑微恭順、阿諛奉承。他的傲骨精氣無疑傳給了後代陶淵明，陶淵明彭澤辭官，既反映了陶淵明的獨立人格，也體現了祖孫兩代人的本色。

庾亮器重孟嘉，任命他為廬陵郡從事。對於別人是一件美差，可以像土皇帝一般，發告示，撈油水。性格即命運，孟嘉上任一方官，卻是個甩手掌櫃，對諸事不管。有一次，孟嘉下郡回來以後，庾亮問他有關廬陵的風俗情況，他不假思索地回答，找手下的人才能知道。庾亮聽後不禁大笑，喊來弟弟庾翼說：「孟嘉故是盛德人也。」孟嘉離開庾亮後，主動將從事的官名除掉，一個人走回家。家中有老親，一家人在一起其樂無窮。過了一段時間，孟嘉被任命為勸學從事。這和當時庾亮提倡修學校，重視儒官有關。庾亮看中孟嘉的才能與名望，所以薦舉他做有德行的儒官。

對於小人說三道四，孟嘉的態度是眼不見為淨，兩耳不聞外面事。征西大將軍桓溫看中孟嘉的人品，又任命他為參軍。晉穆帝司馬聃召見他，這是一次多麼難得的機會。感受皇帝的恩寵，對於任何人來說都會受寵若驚，因為這可以為將來提升為高官做鋪墊。但孟嘉卻視名利為草芥，找出笨拙的理由，說自己腿腳有毛病，拒絕皇帝的召見。孟嘉這麼個小官，竟然連皇帝的面子不給，弄不好要掉腦袋的。

孟嘉有一說一，不會弄虛作假，迎合上司的高興。有一次桓溫問孟嘉：「聽妓，絲不如竹，竹不如肉，何謂也？」看似簡單的問題，卻蘊含著深奧的哲學道理。聽歌女唱歌，絃樂不如笛子的聲音好聽，而這些樂器演奏的聲音，又不如歌女唱出來的動聽，這是什麼原因呢？孟嘉面對自己的頂頭上司，直截了當地回答：「漸近自然。」這四個字是外枯中膏，絲絃樂器、竹管樂器是要人彈撥，人的歌唱帶著情感的溫度，更接近自然。孟嘉機智的回答，道出了他對老莊哲學的崇尚。

孟嘉特立獨行，思想鋒芒畢露，絕不為名利而屈膝妥協，他的人生態度和不流俗的文筆，深深地影響了後代陶淵明。《晉故征西大將軍長史孟府君傳》既充滿了對母親的思念之情，也表達了對外祖父的崇敬之情。文中，陶淵明講述了庾亮問外祖父風俗一事，對皇帝的任命不肯行跪拜禮。通過這些事件，讚美外祖父的清高和孤傲，為人隨和，堅持原則。孟嘉才思敏捷的天分和喜歡喝酒的習慣遺傳給後人。從陶淵明的言行舉止中，可以看到外祖父的影子，祖孫倆一脈相承。

第二章

純真的長歌

一

　　陶淵明成長的地方山清水秀，不帶世俗的汙染。人在大自然中汲取的營養，一生受之不盡。有大自然背景的支撐，有血脈中的祖先遺傳分子，塑造出陶淵明純真無邪的天性。陶淵明沒有兄弟，只有一個同父異母的妹妹，他們倆一塊長大，每天在青山綠水間玩耍，摘一朵野花，追趕天空飛翔的鳥兒。童年的美好生活，自在而快樂，令人難以忘懷。

　　無憂無慮的日子很快過去，陶淵明八歲那一年，父親去世了。少年失去父愛是人生不幸，這一不幸卻讓陶淵明遇上了。他這個年齡，正是成長的關鍵時候，開始有自己的想法，對人生充滿好奇和渴望。很多人生道理，母親無法全部給予。美國心理學家弗洛姆指出：

　　　母親是誕生「我」的故鄉，她是大自然、是沃土和海洋的化身；這種感覺對孩子而言，父親是不配的。父親身上體現不出任何一種母親身上所具有的自然淵源。在孩子剛出生的最初幾年內，同父親幾乎沒有什麼聯繫，在這個階段父親的角色以及作用幾乎無法同母親相比較。儘管父親不能代表自然世界，但他卻代表著人類生存慾望的另一個支點：他代表了理性思想的世界，代表了人類創造的法律、秩序的世界，代表了原則、信仰的世界，代表了遊歷、冒險的世界。所以，父親的愛是通過教育孩子、為孩子指出通往未來世界之路的形式而體現出來的。[1]

1　[美]弗洛姆著：《愛的藝術》，第 58 頁，北京：光明日報出版社，2006 年版。

陶淵明的個子在長高，思想在形成，他想用男人的勇氣征服世界時，父親離開他，他不能再聽到鼓勵的聲音。家庭的根基發生震動，這是致命的打擊。不富裕的陶家失去經濟來源，孤兒寡母遭受滅頂之災。

陶淵明的生母和庶母帶著兩個孩子，靠老家底維持過日子。他們有幾處房子，幾十畝田地，生活勉強湊合。陶淵明是家中唯一的男丁，振興陶家大業的重任寄託在他的身上，而他只有依靠奮鬥。他的祖上做官，家訓和母親的口耳相傳，深刻地影響到他的成長。母親盼子成龍，希望他做官，榮光耀祖，成就一番大事業。為了實現理想，陶淵明「頭懸梁，錐刺股」，立誓一定要好好讀書。依靠讀書進入仕途以改變命運，這是一條顛撲不破的古理，不論貧富，家家皆知，陶淵明也不例外。

早年沒有父親的陶淵明，缺少父親的愛，只有母親的陪伴。母親孟氏是大家閨秀，名士孟嘉的女兒。遭受大變故後，母親堅強地承接起家庭的擔子，把娘家的文化傳授給孩子，傳承陶氏家族的精神。

陶淵明在《五柳先生傳》中寫道：「好讀書，不求甚解，每有會意，便欣然忘食。」少年生活中，除了在大自然中遊走，讀書是他的全部。東晉時代的讀書風氣淡薄，那些玄學家喜玩嘴皮子，他們大多只讀過《老》《莊》《周易》和少部分佛典，有人連一本都沒有讀好，就大談玄理。在一個不讀書、弄虛作假風氣大盛的時代，陶淵明讀書並不是虛榮心作怪，不是為了誇誇玄談，更不是想做官。他之所以坐得住冷板凳，為的是以讀書為樂。他在《與子儼等疏》一文中說：

少學琴書，偶愛閑靜，開卷有得，便欣然忘食。見樹木交蔭，時鳥變聲，亦復歡然有喜。常言五六月中，北窗下臥，遇涼風暫至，自謂是羲皇上人。意淺識罕，謂斯言可保。日月遂往，機巧好疏，緬求在昔，眇然如何！

陶淵明說的讀書境界，不是行為藝術，吸引人的眼球，而是面朝四壁守住寂寞，拋開所有的雜念，一心只讀聖賢書。這是常人難以達到的人生態度，超越於名利之上，在讀書中淘到樂趣，從中領悟道理。

清風、鳥語、泥土、野花和清水相伴，大地的氣息拂過文字，每一個字在心中立起，讀書的同時，享受自然的恩惠。

陶淵明少年時代，除了讀書，還有一門功課就是學琴。《宋書》中的陶淵明傳，記載無絃琴的故事：「潛不解音聲，而畜素琴一張，無弦，每有酒適，輒撫弄以寄其意。」陶淵明少年習琴，對於藝術不是圖功名，而是重在寄託，彈琴是抒情暢懷的方式。等到了晚年，經歷過太多事情之後，他的態度更趨明顯。他少時讀老莊，深於人生的道理，頗領老子的「大音希聲」的意義。每一次彈琴，都將自己的情感融入到天地間，即使琴絃扯斷，也不另換一架琴，重新續新弦。酒酣耳熱之際，隨手拿出無絃琴，彈奏一曲。

家中不富裕，但深厚的文化傳統，不是貧窮能消除乾淨的。彈琴表現對道和音樂的重視，是他的一種寄託。但因為不瞭解他的真實情況，有些人便搬弄是非，散播流言蜚語，胡亂猜忌他撫弄無絃琴的原因，他們認定陶淵明撫弄無弦的琴，是因為不懂音律。

要證明陶淵明會不會彈琴，最好是找與他有過交遊的同時代人作證。幸好歷史給我們留下了這個人。此人即顏延之。顏延之比陶淵明小十九歲，但他們達成了忘年交，友情甚篤，否則，陶淵明死後，顏延之不會寫《陶徵士誄》，送哭「嗚呼哀哉」。關於二人之交往，《宋書》《南史》也均有記述。《宋書》記：「先是顏延之為劉柳後軍功曹，在潯陽與潛情款。後為始安郡，經過潯陽，日日造潛。每往，必酣飲致醉。延之臨去，留二萬錢與潛。潛悉送酒家，稍就取酒。」顏延之為始安郡時，兩人過從甚密，應該可信。陶淵明去世後，顏作《陶徵士誄》以致哀悼，文中有「……賦詩歸來，高蹈獨善。亦既超曠，無適非心。汲流舊巘，葺宇家林。晨煙暮靄，春煦秋陰。陳書輟卷，置酒絃琴。」此一節寫陶淵明解綬歸田後的生活，與陶夫子自道的情狀頗相吻合。其中寫了陶淵明讀書之餘飲酒彈琴（「陳書輟卷，置酒絃琴」）。可知顏延之是見過、聽過陶淵明彈琴的。若不知道陶淵明能琴，或者只見過陶淵明擺出一張無弦素琴假模假式賣弄，他是不可能寫這兩句誄文的。

只要好好讀讀《陶淵明集》和關於他的記述，就能明白，陶淵明是諳音律、熟琴藝的。[2]

陶淵明「閑靜少言，不慕榮利」，做事直率。從少年時代，他與同齡的人就不一樣，很少看到他好動，做一些孩子的惡作劇。他的心和表象不同，充滿浪漫的詩意。陶家在一波三折的變化中，跌進百姓階層，陶淵明是個男人，家族自然對他寄予厚望，希望他能振興敗落

2　張清著：《陶淵明「不解音律」嗎？》，引自《吹皺集》，第 48—49 頁，北京：海豚出版社，2014 年版。

的家族。少年身上流動的血脈，既有外祖父名士風度的神韻，又有曾祖父創大業的激情。表面上看嫻靜文雅，但內心則是「猛志逸四海，騫翮思遠翥」。

十二歲那年，家裡又遇到不幸，陶淵明的庶母、同父異母妹妹的生母去世。陶淵明從小與她生活在一起，把她當作自己的母親，庶母的突然離開，令他哀痛不已。苦難過早地降臨到這位少年的身上，讓他感受人生的短暫，生命的脆弱。心情不好的時候，他坐在柳樹下，望著起伏的山峰，鳥兒從空中飛過，瞬間消失在遠方。親情是那麼的珍貴和美好，大自然是那麼的淳樸秀麗，而人在歲月中不過是匆匆過客，這讓他產生了深刻的思考。

陶淵明在二十歲左右的時候，遇上連續幾年的災荒，家裡沒有其他收入，境況更是糟糕。不幸如同連環套，一環緊扣一環，有一次家鄉發大水，洪水過後，家裡的東西被捲走大半，本不富裕的家，又碰上大災難，結果可想而知。

二

晉義熙十四年（公元 418 年），陶淵明五十四歲，寫下《怨詩楚調示龐主簿鄧治中》。詩中循著人生的蹤跡，講述從少年以來所經歷的各種事情，貯滿哀怨和悲傷。人過五十，心態發生變化，對待事物的看法有很大的改變，激情遠去以後，留下的是平淡。陶淵明「結髮念善事」，他認為行善做好事，其結果必有善報。他一生走下來，得到的和所想的截然相反，不幸似影子相伴，殘酷的現實，窮愁困頓的

生活，使他對人生充滿了懷疑，很難寫出愉悅的詩文。

> 天道幽且遠，鬼神茫昧然。
> 結髮念善事，僶俛六九年。
> 弱冠逢世阻，始室喪其偏。
> 炎火屢焚如，螟蜮恣中田。
> 風雨縱橫至，收斂不盈廛。
> 夏日長抱飢，寒夜無被眠；
> 造夕思雞鳴，及晨願烏遷。
> 在己何怨天，離憂淒目前。
> 吁嗟身後名，於我若浮煙。
> 慷慨獨悲歌，鍾期信為賢！

梁啟超指出：「唐以前的詩人，真能把他的個性整個端出來和我們相接觸的，只有阮步兵和陶淵明，而陶尤為甘脆鮮明。」[3]陶淵明晚年寫的這首詩，猶如柳樹下褞一壺老酒，放一架無弦的琴，對秋天的大地彈奏一曲，訴說艱難困苦的經歷，抒發對現實社會的不滿。詩句看不到他歸隱田園中的恬淡，只有激烈的憤懣，這是他真情實感的流露。

自孝武帝寧康二年至太元八年（公元 374—383 年），十年間，江州一帶鬧過水災、蟲災和大旱，前後共有五次大災。陶淵明家再貧

3　梁啟超著：《陶淵明傳》，商務印書館，1923 年排印版。引自北京大學北京師範大學中文系、北京大學中文系文學史教研室編：《陶淵明資料彙編》，第 276 頁，北京：中華書局，2012 年版。

困，相比一般的百姓家還是要稍寬裕，只是趕上大災年，無論任何人家都要受到影響。他想改變家庭生活，讓母親和妹妹過上好生活。

晉孝武帝太元八年（公元 383 年），東晉與北方前秦發生淝水之戰。前秦的七十多萬兵馬被擊敗後逃散，只有鮮卑慕容垂部的三萬人馬未受打擊，保存得完整無損。這一仗打得極為慘烈，苻堅統一南北的希望徹底破滅，北方暫時統一的局面由此解體，再次分裂成更多的民族政權。

南北分割的局面繼續維持下去，東晉在這個時候乘勝北伐，收回黃河南部的故土。在這大好的時機，本應擴大戰果，但因丞相謝安去世，主帥謝玄退隱而轉為守勢。

淝水之戰的勝利，雖然未使東晉王朝重新獲得中國的統治權，卻遏制了北方少數民族的南下侵擾，為江南地區經濟恢復和發展創造了條件。

這個重大的歷史事件影響不小，勝利讓東晉舉國上下大振，此時陶淵明十九歲，年輕的他深受鼓舞。他後來在《擬古》中寫道：

少時壯且厲，撫劍獨行遊。
誰言行遊近，張掖至幽州。
飢食首陽薇，渴飲易水流。
不見相知人，惟見古時丘。
路邊兩高墳，伯牙與莊周。
此士難再得，吾行欲何求？

詩中有故事，有典故，有人物。「飢食首陽薇」，說的是伯夷、叔齊兄弟倆不食周粟，餓死首陽山中；「渴飲易水流」講的是荊軻刺秦的故事；「路旁兩高墳，伯牙與莊周」，這是詩人在說，相知的人都已故去，俞伯牙彈琴，只有鍾子期能聽懂。當聽說鍾子期已死，俞伯牙摔碎琴，從此不復彈琴，這就是著名的知音的故事。莊週一輩子只跟惠施聊天，傳說中兩人經常「抬槓」。詩人用這些歷史上的人與事表達自己的感慨，現在沒有相知的人了，只能看到古人的墳墓。

詩中的撫劍和獨行湧動著激情，劍的寒光是精神，從中可以看到陶淵明滿腔的豪情：大丈夫執劍走天下，一身豪氣，看不出讀書人的樣子。張掖在甘肅省，幽州在河北省，當時北方是外族統治。在那個時代交通不便利的情況下，憑一雙腳，從西北走到東北的盡頭是難以想像的。日本漢學家一海知義指出：「這首詩也體現了陶淵明的『幻想癖』，他借用幻想的翅膀，吐露年輕時『壯且厲』的心情。」[4]張掖和幽州都在北方，距離陶淵明的家鄉十分遙遠。從歷史上講，這些地方過去都是晉國的土地，後來被北方外族割據。陶淵明借此地名，表達收復失地、統一祖國的豪情壯志。

陶淵明身上流淌的是祖先的血液，他秉有讀書人的儒雅和俠士精神，同時有五柳先生的風格。

4　[日]一海知義著：《陶淵明‧陸放翁‧河上肇》，第42頁，北京：中華書局，2008年版。

先生不知何許人也，亦不詳其姓字。宅邊有五柳樹，因以為號焉。閑靜少言，不慕榮利。好讀書，不求甚解，每有會意，便欣然忘食。性嗜酒，家貧不能常得。親舊知其如此，或置酒而招之。造飲輒盡，期在必醉。既醉而退，曾不吝情去留。

環堵蕭然，不蔽風日，短褐穿結，簞瓢屢空，晏如也。常著文章自娛，頗示己志。忘懷得失，以此自終。

贊曰：黔婁之妻有言：「不戚戚於貧賤，不汲汲於富貴。」極其言，茲若人之儔乎？酣觴賦詩，以樂其志。無懷氏之民歟！葛天氏之民歟！

陶淵明選擇門前的五柳樹為敘述的情節，寫出情感的世界。他寫文章不是想得到功名，只是讓心情愉悅，抒發心中的志向。

陶家前面的不遠處種植有五棵柳樹，陶淵明生下來就有，不知何年何月何人栽，也許是祖父一輩植下的。春天枝條垂拂，夏天綠蔭匝地，秋天枯葉飄落，冬天枯枝在寒風中抖動。一年四季，變化的柳樹伴隨他成長。柳樹是陶家的一員，從另一個角度講，可以說是陶氏精神的象徵。

陶家人看到五棵柳樹，想起先祖的故事。二百多字的簡短篇幅，駕馭這麼大的題材，刻畫的人物性格鮮明。

「先生不知何許人也，亦不詳其姓字。」文章語氣平和，內藏的是傲骨，與當時的社會風氣不和諧，處處有抗衡的意味。東晉社會重門第，陶淵明開篇單刀直入主題，說明他對當時社會講究的那一套，

根本瞧不上眼。他認為看一個人的能力，重要的是看品格，這和家庭出身有什麼關係？歷史上的很多人物都是寒微之士，依靠的是做人的品德，留下千古美名。

短短八個字「閑靜少言，不慕榮利」，卻有巨大的容量，刀鋒直指那些為求得功名而空談不休的門閥名士，譏諷玄學名士浮華交往。他們談玄論道，顯示自己的與眾不同，其實玄學清談，不過是浮誇之風，為了博取聲名的手段而已。陶淵明說「好讀書，不求甚解，每有會意，便欣然忘食」。雖然崇重儒家的思想，陶淵明對儒學博世有看法，持反對意見。他對有人提倡經術的做法，抱著懷疑的態度，這也與他的治學態度有關。

陶侃和孟嘉是陶淵明人生的坐標，他從祖先的事蹟中汲取力量，創造自己的大業。心中的大志，在少年時過早地立下。古人的事蹟是陶淵明學習的榜樣，傳說中的堯舜時期，后稷是分管的農官，向百姓推廣農業技術，怎樣栽種五穀。契任司徒官，教民眾熟悉人倫道德，他們都是上古時代的賢臣，也都是陶淵明為官的榜樣。做官以德為準則，陶淵明痛恨那些不擇手段的無德之人。有了這樣的榜樣，就要發憤圖強，幫助朝廷治理國家，成為品德高尚、才華橫溢、名揚天下的人。但凡幹一番大事業，不能玩弄嘴皮子，耍兩面三刀的手段，必須靠一顆真心，憑本事做出成績，而不是沽名釣譽。

第三章

初入仕途

一

　　陶淵明在青少年時期，就已做好充足的準備，絕不虛度人生。他閱讀儒家、道家及其他大量的書籍，立下遠大的志向。但由於家庭的貧困，需要穩固的俸祿補貼家用，多種因素促使他走仕途之路。

> 疇昔苦長飢，投耒去學仕。
> 將養不得節，凍餒固纏己。
> 是時向立年，志意多所恥。
> 遂盡介然分，拂衣歸田裡。
> 冉冉星氣流，亭亭復一紀。
> 世路廓悠悠，楊朱所以止。
> 雖無揮金事，濁酒聊可恃。

　　《飲酒》當中的這一首詩寫出陶淵明離開官場、歸隱田園的過程，寫到耕田的艱苦。古人稱三十為而立之年，這也是陶淵明離開他的田園，步入官場的一年，他做了一個小官。主要原因是家中窮困，耕種不能維持生活。從詩中可以看出來，以後是他思想形成的十二年。「清華四劍客」之一的批評家李長之，在 20 世紀 50 年代創作的《陶淵明傳論》中指出：

> 這都可以和「投耒去學仕」的時間是「是時向立年」相印證。這個時間算不算早呢？就那時一般的情形論，是不算早而算很遲的。《世說新語·賞譽》關於王汝南既除所生服一文，記王湛年二十八始

官，這就是說他晚宦的意思。陶淵明卻在二十九歲始投耒學仕，那就更遲了。這說明他的出仕一方面是少憑藉，同時是勉強的。果然在《飲酒》詩「是時向立年，志意多所恥」下面就接著說，「遂盡介然分，拂衣歸田裡」，正是剛一出仕，又覺得不對勁兒，便退回來了。這一年是太元十八年癸巳（公元 393 年），這時謝安已經死了八年，謝玄死了五年，謝氏的實力已經不復存在，謝玄所培植的北府兵力，就是打敗過符堅的，已漸漸由謝玄的部下劉牢之所掌握，同時桓玄的力量已經起來。晉室這時是更腐朽了，晉孝武帝（司馬昌明）本來還有些作為，後來溺於酒色，執政的琅琊王道子也是酒鬼，他們又崇尚佛教，奢侈浪費，范寧在這時就會說：「今並兼之家，亦多不贍」，可見連大土豪大地主都窮了，老百姓更不用說。這就是那時候的情形。陶淵明的窮困，大概也就是那個整個民生凋敝的情況的一部分。他這時因窮而仕，卻又因不高興而退了的官名是江州祭酒。

　　他最初的出仕，可能是向人懇求過。（他後來當彭澤令時，在未到手前不是曾「求之靡涂」麼？）由那種「疇昔苦長飢」的情況以及仕宦之遲，也可想像得到。因此，我們有理由說《乞食》一詩可能就是寫這種事。[1]

　　陶淵明二十九歲，這一年他走上仕途當上了祭酒。陶淵明對於祭酒這個官，不是不能勝任，憑他的才智，這種芝麻粒大的小官是掌中之物。但他不願把時間浪費在這上面，喪失人格的底線，便主動提出辭職。

1　李長之著：《陶淵明傳論》，第 41—42 頁，天津：天津人民出版社，2015 年版。

司馬氏是漢代以來的著名世家大族，他們建立起來的西晉王朝，又以世家大族作為統治核心。為了鞏固司馬氏的皇權統治，擴大政治特權，他們實行「六等之封」的分封制，以至發展成「九品官人」，也就是九品中正制。

按照九品中正制度的規定，擔任中正官的世族大家，操縱著朝廷選任官職的人事大權。家世、門第是評定官品的重要尺度，也是唯一的標準。曹魏實行九品中正制，按被選士人的才能決定品級，沒有明目張膽地依靠家世出身的高低來定。可是到了曹魏末期，選中正官的尺度發生重大改變，只重視家世出身。西晉時期要想晉陞官位，要完全按家世、門第高低評定品級，這種選法稱為「門選」。

陶淵明雖然有過陶侃、孟嘉這樣的先祖，但那只是逝去的光環，對他來說毫無用處。陶淵明兩頭不沾，就必須有貴人相助，可是他人窮志不短，不肯低下頭求人幫忙。二十九歲時，他才得到了做小官的機會。對胸懷大志的人來說，這已經夠晚的了。

廬山腳下的上京里，一座普通的院落，籬笆牆上爬滿植物。陽光照在院子中，院落一側的五棵垂柳，隨風搖曳，投下一片陰地。陶淵明背著行囊，打量熟悉的環境，從此他要離開家，開始另一種生活。他走到柳樹前，望著粗壯的樹身，伸手輕輕地撫摸。這不是隨意的觸碰，而是心靈的對話。此時他的情感穿越時空，奔到祖先的身邊，臨行前他想聽祖先的教導。

陶淵明初次出去做官，既充滿信心，又充滿美好的設想。江州的州府衙門設在九江，距家鄉不算遠，他赴任的官職是江州祭酒，最早

是指祭祀活動中負責祭酒的人，只是普通的官職。他擔任的祭酒，就是管理國子學和太學，給上層人物或者官宦人家的子弟講學，給州府衙門提供相關的歷史文化資料。

這是個美差事，符合陶淵明的興趣，況且離家不遠，沒有離鄉背井的思念。清閒中可以大量讀書，利用官家的資源讀到許多經典的書。還有一筆收入可以養家餬口，不必為生活奔波苦惱。由安靜的田園生活，走進了雜亂的群體生活中。在田園中生活，不需要披上變色的偽裝服。一滴清晨的露珠，一縷陽光，一聲鳥兒叫，一陣風雨，就能打動詩人的心，寫下淳真的文字。他是詩人，不可能適合世俗的社會，在仕途中廝混，他必須收藏起自尊，學會奉承。只有到了夜晚，沐浴著清淡的月光，他才能恢復本來的面孔，遊蕩於無邊的夜色裡。陶淵明侍奉看不起的上司，周旋身邊的同仁，違心說客套的話，做背叛個性的事情，讓他感覺度日如年。美麗的田園風光在遠處呼喚，長此下去，不如回家種地。陶淵明有自己的地，雖然不大，但足以養活自己。他無奢侈的慾望，只是喜歡喝酒。

「親老家貧，起為州祭酒。不堪吏職，少日自解歸。」陶淵明上任不長時間，尚未坐熱冷板凳，便一甩袖子辭職回家。他從田園的生活，一下子投身官場，兩種文化撞擊發出的爆裂，毀壞了心中的理想。每天出門包裝好自己，戴上可變的面具，面對不同級別的官員隨時變臉。這對一個傲骨的人，簡直是上大刑。環境與他的「匡扶社稷、大濟蒼生」的目標差距太大。他承受不住虛偽的官場生活，於是解放自己，解甲歸田。

在官場上混日子，必須是油缸裡的雞蛋，又圓又滑才能生存下去。陶淵明初入官場，缺少實際經驗，僅有的是書本上的知識。東晉年間門閥制度森嚴，出身是一道鴻溝，人和人的社會地位有天壤之別。他教的學生們都出身名門，家中有錢，不會用心讀書。他們讀書只是裝門面，出身的高貴才是決定將來高官厚祿的根本。他們根本瞧不起祭酒的小官，陶淵明無處施展學問，他和學生們無法交流，還受到冷眼輕視，自尊心備受打擊。在州府衙門裡，祭酒是下級小官，上面一句話，下面要忙死人。他是在大自然中成長的詩人，容不下汙雜的事情，如果有一點，就要奮起反抗。

王羲之有七個兒子，公元 353 年，農曆三月三日，王羲之同當時的名士謝安、孫綽等四十一人，在會稽郡山陰縣的蘭亭聚會，他的三個兒子王凝之、王渙之、王肅之都參加過此會。

陶淵明的頂頭上司，正是王羲之二兒子王凝之，這位參加過蘭亭聚會的人，攤上一個好父親，卻迷信五斗米教。叛軍作亂，他作為行政長官，居然不安排兵馬守城，反而認為有神軍護衛，稀里糊塗地丟了腦袋。

東漢時期，五斗米道是民間道教的一個派別，創始人為張道陵。他是沛國豐人，即現在江蘇豐縣，後來到了四川，學道於成都大邑縣鶴鳴山，依據《太平經》造作道書，創建五斗米道。奉老子為教主，它要求入教的人交五斗米，因此得名五斗米教。

王凝之信奉五斗米教，他每日祭天求仙，無所作為，十分迂腐。儘管他每天拈香朝拜，求天神保佑，禍事還是讓他攤上了。東晉隆安

三年（公元 399 年），當時掌握東晉中央大權的司馬元顯，強制征發江南地區，終於激起了東晉三吳八郡地區的孫恩、盧循領導的起義。這是東漢以來江南地區最大規模的一次農民起義。

八郡包括會稽，屬於王凝之管轄的範圍，在起義危及政權的關鍵時刻，王凝之既不下令發兵追剿，也不做防備的措施。照常在廳堂裡設一尊天師神位，在香燭繚繞中誦唱經文。直到有一天，孫恩率起義的民眾逼近會稽，王凝之依舊兩眼發直，嘴裡唸唸有詞，甩袖舞劍，燒符禱告。他相信道祖借神兵相助，賊人休想逃過，直到孫恩一路殺進城。待他緩過神來，局面已經不可挽回，唯一的出路是逃跑。身為江州刺史的王凝之，顧不得身分的高低狼狽出逃，跑出去不過十幾里地，被起義的將士追上殺死。陶淵明每天和這樣的人相處，還要聽從他發號施令，對他低三下四。看著無能者的臉面，陶淵明哪裡能忍受做這樣的小官。

官場不是說來就來、說走就走的，必須有一條合乎常情的衣辭理由。這時陶淵明結髮妻子去世，他在悲痛中找到恰當的辭官方式，拂衣歸田。

二

陶淵明八歲時父親去世，十二歲時失去庶母，三十歲妻子又病逝。妻子的去世，對於陶淵明又是一個沉重的打擊。這時，他已到了而立之年，母親一天天老去，孩子幼小不懂事理，擔當家庭的重任，讓他感到壓力巨大。身在官場他又難以適應，便辭官回家料理喪事。

妻子亡故後，家中的生活照舊，門前五棵柳樹的葉子，隨著季節發生變化。陶淵明坐在案前，以前這個時候，妻子會送上一壺清茶，如今送茶人已經離世，他們相隔兩個世界。陶淵明似乎聽見妻子的腳步聲，聞到撲鼻的茶香，他越發思念亡妻。

歸隱後的陶淵明，再也不必提心吊膽，他推開窗子，徐徐清風挾著草木的清香，讓他心靜如水。

此時，他想起張衡的《定情賦》和蔡邕的《靜情賦》，心潮起伏，情思激盪，他壓制不住情緒。加上對亡妻的思念之情，望著鋪展的紙，提筆蘸足墨汁，一氣呵成，寫出與以往不同的詩賦——《閒情賦》：

夫何瑰逸之令姿，獨曠世以秀群。表傾城之豔色，期有德於傳聞。佩鳴玉以比潔，齊幽蘭以爭芬。淡柔情於俗內，負雅誌於高雲。悲晨曦之易夕，感人生之長勤；同一盡於百年，何歡寡而愁殷！褰朱幃而正坐，泛清瑟以自欣。送纖指之余好，攘皓袖之繽紛。瞬美目以流眄，含言笑而不分。曲調將半，景落西軒。悲商叩林，白雲依山。仰睇天路，俯促鳴弦。神儀嫵媚，舉止詳妍。

激清音以感余，願接膝以交言。欲自往以結誓，懼冒禮之為愆；待鳳鳥以致辭，恐他人之我先。意惶惑而靡寧，魂須臾而九遷：願在衣而為領，承華首之余芳；悲羅襟之宵離，怨秋夜之未央！願在裳而為帶，束窈窕之纖身；嗟溫涼之異氣，或脫故而服新！願在髮而為澤，刷玄鬢於頹肩；悲佳人之屢沐，從白水而枯煎！願在眉而為黛，隨瞻視以閒揚；悲脂粉之尚鮮，或取毀於華妝！願在莞而為席，安弱

體於三秋；悲文茵之代御，方經年而見求！願在絲而為履，附素足以周旋；悲行止之有節，空委棄於床前！願在畫而為影，常依形而西東；悲高樹之多蔭，慨有時而不同！願在夜而為燭，照玉容於兩楹；悲扶桑之舒光，奄滅景而藏明！願在竹而為扇，含淒飆於柔握；悲白露之晨零，顧襟袖以緬邈！ 願在木而為桐，作膝上之鳴琴；悲樂極以哀來，終推我而輟音！

…………

賦中說，眼前出現的女子，她的秀麗不能拿花朵比較，高貴的玉佩發出叮噹作響，才比得上她的清純。玉是吉祥的飾物，它是有靈氣的寶物。一塊上好的玉件給人帶來好運，趨吉避凶，古人身上都有佩玉，玉是代表美好的品德。摘一片柔情，融化在人世裡，將遠大的情懷，投入於天上的白雲。悲嘆中從清晨又到了黃昏，每個人有逝去的那一天，人的一生歡樂少，愁緒不斷奔來。

她坐在帳子裡彈奏古琴，纖細的手指在琴絃上撥出美妙的樂曲，使人的目光迷戀。她的眼睛裡流動著秋波，微笑中，沒有打亂演奏。樂曲彈奏激情時，西邊的天際，一輪落日沉入地平線。流出悲傷的樂曲，在林間飄蕩，山裡的光線發生演化。

演奏古琴的她，抬頭望向天空，幾根秀髮落在額前。她被樂曲感染，略低頭，撥動琴絃，發出珠落玉盤的樂聲。她的眼神不是幾句話說出的，既有嫵媚的風采，又有安詳的柔美。

她彈奏的曲子，似高山間流淌的溪水，在山岩上跌宕起伏，撞出的聲音，敲打人的心靈。他想坐在琴邊，與她日夜撫琴，促膝而談，

即使詩歌，也傳達不出情感。為什麼琴聲，勾得如此惶惑不安，有魂不守舍的渴望。心靈摺成一封信，託青鳥帶去愛的誓言，又擔心別人搶前面。

到了晚上，從她身上脫掉衣衫。黑暗淹沒秋夜，離天亮還有一段時間。他願把自己當作衣帶，束在她的腰間，感受美麗的呼吸；他想成為她髮上的油澤，滋潤烏黑的鬢髮，在豐潤的肩膀披散；他願作一支眉筆，在她眉上描繪出淡妝，守護溫柔的眼睛，顯示出漂亮。

學者葉嘉瑩講授陶淵明的《閒情賦》時說：

「願在莞而為席，安弱體於三秋」，如果是鋪在她床上的蓆子，我就願意變成她的一領蓆子，就將她那柔弱的纖弱的身體睡在我這個蓆上。可是「悲文茵之代御，方經年而見求」，這個蓆子是竹蓆，說三秋她還睡這個竹蓆，可是我就悲哀到了冬天呢，「文茵」就是有花紋的厚褥子，「代御」，御就是用，她就用那個厚褥子了。我要再見她，「方經年而見求」，「經年」，只有明年夏天她才會需要我這個蓆子了。

「願在絲而為履，附素足以周旋」，如果是絲線呢，我就願意變成她的鞋子，如果我這塊絲綢變成她腳上穿的繡花鞋的話，我就可以「附素足以周旋」。依附在她潔白的腳上，隨著她周旋，走來走去。可是「悲行止之有節，空委棄子床前」，可是我就悲哀，她有行就有止，「有節」，有一定的節制，有一定的變換，有時候走有時候停，所以到晚上就「空委棄於床前」，就把我脫在床前了。[2]

2　葉嘉瑩著：《說陶淵明飲酒及擬古詩》，第 209—210 頁，北京：中華書局，2015 年版。

長夜裡他願是一支蠟燭，在屋子裡發出光亮，逐散黑暗，照見她的玉容。他願化為她手中的竹扇，拿在她柔軟的手中，徐徐地搖動。可惜的是白露過後，秋一天天變涼，竹扇丟棄一旁。

　　想變成樹木，製一架她膝上的鳴琴，彈奏到高興。忽然飄來悲傷，終於停止琴音，思索一下，所有願望不可能實現，籠罩一股憂愁。痛苦向誰傾訴？一個人走在南面的樹林，來到掛著露珠的木蘭樹下。喜與懼的感情交織心中，這個時候，獨自在空虛中找尋。

　　整理一下衣服，循著回到原路，眺望夕陽，心中長嘆一聲。猶豫的腳步忘記前行，黃昏時的表情嚴肅。樹葉離開枝幹，天氣開始寒冷。陽光在天際消失，月亮升起來。鳥兒孤獨地歸巢，地上行走的野獸，不顧黑暗的降臨，為尋找同伴不肯歸巢。壯年逝去，老年將要來臨，時間過得這麼快。

　　寒星掛天空，一縷清光敲打軒窗，初霜披掛台階上，塗上一層白色，北風吹得淒冷。心事重不能入睡，各種回憶流動心中。長夜無法入睡，穿衣服起來等天亮。雄雞也要休息，收起翅膀棲在巢中，尚未啼鳴。飄來陣陣的笛聲，清純中透出哀傷，吹笛人讓黑夜傳遞心願。人間的悲傷不是誰都理解的，一個人體味悲傷，被大山所阻擋，河水凝滯不得流動。等待天明亮，迎接清風，吹散心中的憂慮，退去柔弱的情思。

　　陶淵明在《飲酒》詩中，對第一次為官回憶說，想當初，由於家裡生活的艱難，他放棄手中的農具做官。為生活所逼去做官，實在是有損人格的事。不選擇這條路，又難以解決生存艱難的問題。那時他

已近三十歲，又沒有什麼大的成績。做了幾天的官，雖豐富人生的經歷，但想來想去，覺得這是一件可恥的事。他遵循心靈的召喚，回到田園中。

第四章

官場的憤怒和恐懼

一

田園的風光和官場上小人得意的神情，反差強烈。陶淵明的兩隻腳，分別踏在上面，他心裡鬥爭激烈，為了生存，必須有明確的選擇。他有了再次出山做官的想法後，田園只能是精神的聖地，因為要生活，所以必須妥協。這時候已經不像過去那樣莽撞，像個天不怕、地不怕的愣頭青小夥子。有過一次進官場的教訓，他要認真思考，選擇接受的官職。

東晉王朝是世族地主利益的代表，門閥士族地主掌握著東晉政權，他們的後代享受著一切。「法禁寬弛，綱紀不立，豪強大族都挾藏戶口，作為私人的蔭附。」東晉初年，山遐在浙江餘姚做縣令，上任只有八十天時間，就清查出豪紳大族依仗特權和勢力，有蔭戶一萬多戶人家。有個大族虞喜，他私藏大量蔭戶，按法律條款，應該判處死刑。山遐作為縣令，要對虞喜繩之以法。這件事情引起餘姚縣豪強對山遐的敵意，後來事情報告到了執政的王導那裡，他的答覆明確：「因為虞喜屢經推薦，不出來做官，有高風亮節，不應受法律的處分。」豪強們有巨大的活動能力，背地裡捏造山遐的各種罪名，編織陷害的條狀。山遐是一身傲骨，不會在這些人的面前屈服，他在寫給會稽內史何充的信中，請求為他向上面說情，再留任一百天。他要鐵下心來，整治眼中無國法的豪強大族。何充佩服山遐的悲壯行為，作了一個書面的申訴。在那樣的社會背景下，何充的申訴不可能得到同意，山遐終於被罷官。陶淵明出身低微，對「舉賢不出世族，用法不及權貴」的標準，更是不服氣。

做官的機會比較難得，他又對官位有所選擇，這是難上加難。時間在一天天流淌，五年一晃而過，機會終於出現。

　　陶淵明幾年前，第一次辭官回家，以種田為生。後來他又娶第二位妻子翟氏，接著家裡添丁進口，不過幾年的工夫，他成為四個孩子的父親。

　　這個時期，老母親還在，但身體大不如前，經常求醫問藥，需要一筆額外的錢。比陶淵明小十七歲的遠房叔伯弟弟陶敬遠，也住在他家。他們兄弟相稱，陶敬遠的母親與陶淵明的母親的血緣更近，她們是親姐妹。陶淵明是獨生子，只有庶母生的妹妹，她已經嫁給程姓人家，稱為程氏妹。陶家是大家庭，八口人生活在一起。八張嘴吃飯，吃的好壞不說，但要填飽肚子壓力還是很大。家裡不是老就是小，而且多為女人，所以家中所有的開銷，都需要陶淵明張羅，日子過得十分緊巴。他想盡辦法，讓家裡人少受一分苦，所以又萌生做官的念頭，這樣可以有一筆收入，比種田方便。

　　陶淵明身在田園，情感是自由的鳥兒，可以任意飛翔。從小沒有荒廢讀書，思想的積澱使他的儒家思想根深柢固。他貯滿詩書文章，又受家庭的影響，從小就有立志救民的遠大抱負。短暫的官場生活，讓他有些心灰意冷，每日在虛度時間。他不是輕易衝動的青年人，已經到了三十而立之年，歲月如流水一般，短暫的人生難道這樣浪費嗎？每次想到這裡，他感到折磨人的痛楚。晚風敲打窗櫺，淒冷的月光映在窗紙上，輾轉難眠之時，他回憶起功勛顯赫的祖輩為官的經歷。夜晚如同大舞台，讓記憶中的人與事紛紛登場。人物極其雜亂，

他梳理出清晰的關係網，琢磨官場就是戰場，雖不見硝煙，但有時比戰火紛飛更危險。這不是在家裡，第一次做官時激情用事，對於官場周旋缺少經驗，未做好準備。他以為對人對事憑良心就行，但官場可不是那個樣子，必須遵照它的遊戲規則。以後要是再有機會做官，吃一塹長一智，甚至睜一隻眼閉一隻眼，裝作不明白，難得糊塗是最好的生存方式。陶淵明下決心，找到合適的官位再試。當代作家張煒曾經評價陶淵明時說道：

> 我們常常談到性格與命運的關係，這在陶淵明身上尤其能夠得到印證。從文章和詩句裡看，詩人是一個簡樸、收斂、躲避和小心的人。這種性格保護了他也長期侷限了他，像一個牢籠一樣約束著他。他幾欲衝破，甚至獨自寫下「刑天舞干戚」「丈夫志四海」這樣的句子。這是怯懦的反面，是內心裡生成的另一極，是對於現實生活和人生處境的一種心理補償，而不在於展露雄心壯志、勇猛馳騁的豪情和抱負。當「性剛」與拘謹的行為形成極大反差的時候，也就產生了張力，這種張力必然加劇他的痛苦，強化他的反思。表達在詩章裡，常常是感嘆自己時運不濟，說自己「有志不獲騁」，不能夠把縱橫馳騁的心願化為行動。在這方面，陶淵明的態度並不曖昧，是很清晰很直接的。[1]

性格即命運，命定的事情不可更改。張煒道出了陶淵明的人生行為根本性的東西。

1　張煒著：《陶淵明的遺產》，第39—40頁，北京：中華書局，2016年版。

桓溫是東漢名儒桓榮之後，宣城內史桓彝長子，生於公元 312 年，字元子，譙國龍亢（今安徽懷遠龍亢鎮）人，東晉政治家、軍事家、權臣，譙國桓氏的代表人物。

桓溫為人特別豪爽，身姿偉岸，透出不一般的氣度。後來他娶南康長公主為妻，加拜駙馬都尉，承襲父爵為萬寧縣男。咸康元年（公元 335 年），桓溫出任琅琊內史，後加輔國將軍。

桓溫是晉明帝的駙馬，因溯江而上滅成漢政權，聲名大振。又因一伐前秦，二伐羌族姚襄，三伐前燕，戰功累累。他對東晉朝政治局勢有過特別大的影響。桓溫是能打仗的武人，也有柔情的一面。他在北伐經過金城時，看見自己從前任琅琊內史時種下的柳樹，已經有十圍樹，未因戰火摧毀，長得茂盛。當年埋下的種子，在這塊土地上成長起來，充滿旺盛的生命。垂下的柳枝，經風的吹拂，飄出浪漫的詩意。一枚葉子，猶如一個個文字，寫下時間的記憶。桓溫如碰到多年的友人，竟然生出人生易老的悲憫情懷。他撫摸柳樹，拉著枝條，感受汁液的流動，聞到野性的清香，撫柳大聲哭訴：「木猶如此，人何以堪！」[2]這句話不是隨意說出來的，經過人生的滄桑，飽含豐富的哲理。

征西大將軍桓溫，花費心事修築江陵城，氣勢宏偉。他請一些賓客僚屬，到漢口遠眺城景的時候，高興地說：「若能目此城者，有賞。」[3]畫家顧愷之當時在江陵做客，也在被邀請的賓客中，他看了

2　[南北朝] 劉義慶編著：《世說新語》，第 62 頁，哈爾濱：哈爾濱出版社，2004 年版。

3　同上，第 78 頁。

一眼，隨口賞評道：「在遠看去，一疊疊的城牆，紅色的城樓，如同在彩霞中一般。」桓溫聽到以後特別高興，立即兌現諾言，賞給他兩個婢女。

桓溫的勢力越來越大，形成自己的小集團，到了左右朝政的地步。他的野心也越來越大，根本不把皇帝看在眼裡。兵權在手，只要一揮手，能踏平任何地方。桓溫編織的未來，是五彩斑斕的美夢。在外建功立業，攏起一幫結盟的死黨，鞏固威望和地位，回到朝中，就是他篡權稱帝的日子。他獨攬朝政十多年，操縱廢立，有意奪取帝位，卻因為第三次北伐失敗，名聲受到極大的損害。再由於朝中的勢力強大，他受制於謝安等勢力的阻撓，終未能如願以償。

陶淵明決心出山，第二次做官，這和一個人有很大的關係，他就是東晉大權在握的桓玄，他是桓溫的兒子。

桓溫的地位影響太大，老百姓無人不知。陶淵明崇敬的外祖父孟嘉，曾經在桓溫手下當官，深得他的器重，但桓玄的影響也不小。

二

桓玄生於公元 369 年，譙國龍亢人。字敬道，一名靈寶，大司馬桓溫兒子。他是東晉將領、權臣，桓楚武悼帝，譙國桓氏代表人物。

傳說桓玄出生時，有一縷特別亮的光降臨在房間裡，好像一個游動的大漩渦。一位經驗豐富的占卜者瞪著驚呆的眼睛，目光在漩渦中翻滾，他從未遇到過此事，感到奇異，說不清這種現象。《異苑》記

載占卜人說：「此兒生有奇耀，宜目為天人。」所以取名「神靈寶」。因此得桓玄，小名靈寶。桓玄是桓溫的庶子，也是最小的兒子。他從小就得到桓溫的喜愛，晉孝武帝寧康元年（公元 373 年），在桓溫的遺書中，命其弟桓沖統率軍隊，接替任揚州刺史，五歲的桓玄承襲其封爵南郡公。兩年以後，桓玄服喪期滿，桓沖離任揚州刺史。

桓玄長大後，繼承家族的優點，長得身材偉岸，神態精明。他對藝術博通，好寫一些文章，對於自己的出身頗為自豪。王恭死後，桓玄曾經登上江陵城的南樓，向遠處眺望說：「我今欲為王孝伯作誄。」[4]沉思一會兒，在鋪展的紙上下筆，很快就寫好了。

他認為天生我材必有用，由於父親桓溫晚年有篡權奪位的跡象，朝廷對桓玄懷有警惕而不敢重用。

桓玄熱愛藝術，他喜歡摩挲紙的感覺，紙張承載著他的夢想。作家祝勇指出：「我願意把紙看作是對中國文明史的一種隱喻。它幾乎成為智慧在精神和物質的岔路上分道揚鑣的契約。」[5]桓玄在位時，曾頒佈改簡為紙的命令。蔡倫改進造紙術以來，紙張作為先進的書寫材料，不斷被推廣使用。但國家的一些政令仍使用簡牘。多為木質，很多枚簡牘，還用麻繩或絲繩編連起來成冊，用起來極不方便。桓玄感到時機恰好，勢在必行，便下令曰：「古無紙，故用簡，非主於敬也。今諸用簡者，皆以黃紙代之。」從此以後，國家大力推廣紙

4　[南北朝] 劉義慶編著：《世說新語》，第 165 頁，哈爾濱：哈爾濱出版社，2004 年版。
5　祝勇著：《澤雅紙坊》，引自《藍印花布》，第 148 頁，北京：作家出版社，2003 年版。

張，直至完全代替簡牘，成為朝廷公文的書寫材料。這種改革具有歷史性意義。

桓溫死後，桓玄接替父親的爵位，被襲封為南郡公。桓玄年紀不大，但承襲了家族的遺傳基因，發揚了父親的優點。桓玄活脫桓溫的翻版，自小雄心勃勃，文采出眾。他耳聞目睹官場的生活，在玩弄權術、搞陰謀詭計方面，甚至超過其父。

父親桓溫抱著遺憾離世，因為沒有當成皇帝，讓他死不瞑目。桓玄把實現父親的未竟事業當成人生的奮鬥目標。他埋下父親遺願的種子，暗下決心，要子承父業，做驚天動地的大事。有一天當上皇帝，一統天下，讓墳墓中的父親放下心。桓玄有了野心，所有做的事都是為了這個目的。為實現宏願，他使出不同的辦法和各種收買的手段，擴充實力和隊伍。逐漸地，桓玄在東晉朝野一片混戰中占據上風，登上統領八州的軍事和荊州、江州兩州刺史的寶座，朝廷中實權派的司馬道子和司馬元顯父子倆，都不敢小瞧他。

桓玄有野心，不是空口說大話，玩弄假大空他確有過人之處。從父親身上學到別人沒有的東西，這就是家傳的基因。他父親當年敬重文化人，桓玄繼承父親的優良傳統，擅長文學藝術。《晉書》中說桓玄「及長，形貌瑰奇，風神疏朗，博綜藝術，善屬文」。他有大量的文學作品，藝術家都願意到他的幕府中。

桓玄偏愛裝飾和書畫，他打敗司馬元顯，遷鎮姑孰以後，投入巨資修築城裡的官府，將官府建設得格外壯觀。他對藝術的迷戀甚至到了變態的地步，曾經用船載著自己心愛的書畫、服飾和玩物跟隨自己

身邊加以保護。有人好心對他說，不必這樣小心。桓玄神祕地說，這些寶貝必須攜帶在身邊，而且局勢不穩定，一旦戰事發生，可以很快運走。

桓玄本人也是書法家，他專工草書，喜歡收藏書畫。李嗣真在《後書品》把桓玄的書法列為中品，評他的書法曰：「桓玄如驚蛇入草，鑽鋒出匣。」每當有客人來訪，桓玄便把收藏的書畫拿出來，在大家面前炫耀。有的客人吃完桓玄招待的寒具後，聊到興頭上，用沒有洗淨的手觸摸書畫，有的書畫沾上油漬。桓玄看後很不高興，從此以後，不管多麼高貴的客人，不設寒具，「桓玄寒具油」的典故，就是從這得來的。

顧愷之，字長康，小字虎頭，晉陵無錫（今江蘇無錫）人，出身於官僚地主家庭。生於晉康帝建元二年到晉穆帝永和二年（公元344—346年）。他曾經做過東晉大司馬桓溫和荊州刺史殷仲堪的參軍。因為他小字虎頭，或因他任過虎頭將軍，人們也稱他顧虎頭。年輕時代，他就成為著名的畫家，俗傳他有三絕，「才絕、畫絕、痴絕」。

大畫家顧愷之曾經在桓溫手下當官，桓溫死後，他繼續做桓玄的幕僚。有一次，顧愷之到外地辦事，臨走之前，他怕書畫被盜丟失，便寄放在桓玄府中。桓玄知道這些畫都是顧愷之多年的心血，堪稱經典。為了安全起見，顧愷之才把書畫託付給桓玄保管。顧愷之是兩朝元老，扶持過桓溫，而後又扶持桓玄。這種關係本萬無一失。即便如此，顧愷之仍不放心，在寄存書畫的櫃門貼上封條，做好密封標記。

顧愷之從外地回來，去桓玄處索回書畫櫃，櫃子原封不動，完好如初，封條和標記未發現破壞的痕跡。他打開櫃子後，發現裡面的書畫作品不翼而飛，憤怒至極。他顧不得君臣關係，迫不及待地問桓玄，這是怎麼回事。桓玄鎮靜地說：「妙畫通靈，變化而去，如人之登仙矣。」顧愷之雖氣極卻無話可說，不知道該如何面對。這起疑案旁者清，後人懷疑是桓玄做了手腳，讓人巧妙地撬開櫃子，取走全部書畫作品。當顧愷之回來，發現書畫不翼而飛，隨便編個理由騙顧愷之。大畫家也有愚昧的時候，桓玄本人雖熱愛藝術，但他是個政客，做事情詭計多端，心術不正，這次亂編瞎話，竟然把顧愷之騙得毫無應對的辦法。

有過去前輩的歷史淵源，桓玄也是文化人，又做了荊州和江州的刺史，陶淵明的老家江州地區在他的管轄範圍內。天時地利人和，才能促成一件事，這種機會不多。陶淵明經過激烈的鬥爭，決定到桓玄那裡做官，走老一輩的路線。

桓玄是官場老手，做人處事圓滑，他知道陶淵明的才華和能力，接納了隱居的詩人。這一次，不像上一次那麼幸運在離家不遠處赴任。這次為官的地點在荊州，那個地方離潯陽有一千多里地。在交通不便利的情況下，出的可是遠門。

從年齡上來說，陶淵明比第一次做官長了幾歲，經過家庭生活的磨礪，心理承受力增長。對官場的反思，也提升了他對新一輪仕途的適應能力。這是他為官時間最長的一次，他在桓玄手下做幕僚，達三年左右，直到母親去世才離開。

陶淵明在桓玄幕府做官期間，爆發了以孫恩為首的大規模農民起義。那個時代的江浙一帶，瘋狂斂財，軍閥連年混戰，搞得民不聊生，農民的生活遭到嚴重破壞。加上連年鬧饑荒，到處都是飢民，哀鴻遍野。山河破碎不堪入目，民生塗炭，極為困苦。不少人為了生存鋌而走險，拉幫結夥，各地盜賊風起雲湧。朝廷的官軍、割據的各地軍閥和民間盜賊，各股勢力拉鋸般地擄掠燒殺。在這樣的形勢下，各地百姓紛紛造反。

桓玄外表是文人氣質，深藏不露，但早有篡位奪權的野心。時局動盪，兵連禍結，農民起義爆發，他不但不為國擔憂，反倒覺得有機可乘。他想出一條理由，藉口鎮壓農民起義，名正言順地發兵奪取天下。桓玄心中的算盤打得噼啪直響，他的一切舉動都被東晉掌權的司馬道子暗中看得清清楚楚。桓玄一次次上表，請求討伐逆賊，司馬道子就是不同意他發兵，以免給他創造機會，威脅朝廷。在這明爭暗鬥的過程中，陶淵明曾經受桓玄派遣到京都上表。

晉安帝司馬德宗的父親是晉孝武帝司馬曜，在他執政的後期，沉迷於深宮中花天酒地的日子，不理朝政，國家大事都交給同母弟弟琅琊王司馬道子處理。

司馬道子野心勃勃，仗著後台的勢力，權力一天天大起來。在朝中結黨營私，目中無人，如有人對他稍有不順，就置對方於死地。晉太元二十一年（公元 396 年），孝武帝與張貴人發生爭執，說出要廢黜張貴人。張貴人受不了窩囊氣，一怒之下指使宮女們用被子將他活活地悶死。

對於這樣驚天動地的大事，朝中沒有發生大的波動。掌握大權的司馬道子自有想法，他本就盼孝武帝早死。張貴人犯下了滔天大罪，難逃國法的嚴厲制裁，但司馬道子竟不加追問，幾天以後，就讓太子司馬德宗繼位，改稱為安帝。

晉安帝司馬德宗的腦子有毛病，從小就是呆傻兒童。選擇這樣的人做國君，可見別有用心，當初立他為皇太子的接班人，就是司馬道子等人為了篡權奪位埋下的伏筆。司馬德宗表面上是皇帝，其實是傀儡，從此司馬道子的幫派，鞏固了朝中的權勢地位。

司馬道子在朝中上下營私結黨，費盡心機地明爭暗鬥。各地方政治勢力分割一方，相互之間爭權奪利，甚至動用武力，整個國家的形勢一片混亂。在這樣的局勢下，有很多人反對司馬道子的小集團。桓玄便是其中的代表人物，激烈地對抗司馬道子的行為。反對以司馬道子為首的團夥，就是犯上作亂，要接受法律的嚴懲。在高壓的環境下，反對派暗中聯絡各股勢力，大家一致推舉桓玄為主要領導人。

陶淵明從小讀儒家經典，對於舉義密反，犯上作亂，採取的是堅決反對的態度。從另一個角度看，桓家和陶家有歷史淵源。桓玄取得這麼高的地位，能夠得到反對司馬道子聯盟人的愛戴，說明他的能力。陶淵明在桓玄手下做官，受他委派去京都上表，是分內的工作，合乎情理。

從荊州到京都路途遙遠，在交通不發達的時代，走這麼遠的路，可是十分辛苦的，借此事順路回家看看，也是人之常情。

公元 400 年五月,陶淵明出使京都,在回來的路上,寫下《庚子歲五月中從都還阻風於規林二首》,表達複雜的心情。由於風大浪急,陶淵明坐的船受阻,不能繼續往前走,停在長江邊上的規林。此地距老家潯陽不遠,他打算借道回家,看望久別的親人。

船在規林停泊期間,江水均勻的送浪聲,讓陶淵明湧起鄉愁。在大自然中,遠離明爭暗鬥的權力中心,官場人的所有雜念蕩然無存。風吹水面船在晃動,面對壯闊的景象,心中的情感傾吐紙上。旅途的疲憊,官場上低三下四的周旋,相對夏日的草木茂盛,讓他更覺淒涼。他坐在船頭,望著一排排捲來的浪花,望著窗櫺塗上的月光,聽到孩兒甜美的呼吸聲,腦海中浮現出老母親叮嚀的溫暖,和朋友親熱的相聚。

> 行行循歸路,計日望舊居。
> 一欣侍溫顏,再喜見友于。
> 鼓棹路崎曲,指景限西隅。
> 江山豈不險?歸子念前途。
>
> 凱風負我心,戢枻守窮湖。
> 高莽眇無界,夏木獨森疏。
> 誰言客舟遠?近瞻百里餘。
> 延目識南嶺,空嘆將焉如!
>
> 自古嘆行役,我今始知之。

山川一何曠，巽坎難與期。

崩浪聒天響，長風無息時。

久遊戀所生，如何淹在茲？

靜念園林好，人間良可辭。

當年詎有幾？縱心復何疑。

可惜天公不作美，破壞行程的進度，厭倦宦遊生活，期盼與親人團聚，均化作紙上的詩行訴說。風大起來，吹乾收起的船槳。水浪拍擊船體，發出了震耳欲聾的響聲，大風像是故意折磨他似的，不打算停歇下來。

陶淵明沒有躲進船艙裡，避開狂風挾著潮濕的水花，注視著奔流的江水。

三

晉安帝隆安五年（公元 401 年），這一年陶淵明仍在荊州刺史桓玄的幕府中任職。他告假還家探親，至七月假滿，從老家返江陵銷假，在途中來到涂口。據李善注引《江圖》記曰：「自沙陽縣（在今湖北嘉魚北）下流一百一十里，至赤圻；赤圻二十里至涂口。」在這個地方，陶淵明寫下《辛丑歲七月赴假還江陵夜行涂口》。述說對田園生活的依戀，和對官場的厭倦。

閒居三十載，遂與塵事冥。
詩書敦夙好，園林無世情。
如何捨此去，遙遙至西荊？
叩枻新秋月，臨流別友生。
涼風起將夕，夜景湛虛明。
昭昭天宇闊，晶晶川上平。
懷役不遑寐，中宵尚孤征。
商歌非吾事，依依在耦耕。
投冠旋舊墟，不為好爵縈。
養真衡茅下，庶以善自名。

田園純淨美好，看不到官場上的骯髒。陶淵明問自己，人生到底追求什麼？他說出內心的真情，知道有一天會摘掉官帽，歸隱田園。如果人的一生，總是讓官位縈繞心頭，活得便沒有意義。他的理想是鄉間有泥土草房，在裡面讀書寫詩，累時坐在窗前，聽風聲，看落雨，聞著泥土的氣息，才是守住品德、遵循個性的真實生活。

這一年，陶淵明三十七歲。由他的銷假，推知他請假，並推知他曾仕於桓玄。葉夢得就有這樣的推斷：「荊州刺史自隆安三年桓玄襲殺殷仲堪，即代其任，至於篡，未授別人，淵明之行在五年，豈嘗仕於玄耶？」我們認為這個推斷是對的。

這一年，孫恩屢退屢進，在六月曾經又逼近建康，幾乎占了京城。結果仍是被劉裕打退了。桓玄就利用機會，藉口也要東下討孫恩。孫恩敗了，他才沒有發動。那正是陶淵明請假在家的時候。從

《還江陵》一詩看，和以前相似，他同樣有矛盾的心情。他想到林園，他想到詩書，並想到還是種田好。他不願意像寧戚那樣向齊桓公求仕，他自己問自己：「如何捨此去，遙遙至西荊？」中間也隱然有「似為飢所驅」的答案在。詩人陶淵明對當時的局面是有些迷惑的，他有所希望，但也有所懷疑，於是他矛盾了。他雖然還江陵，可是又拿定主意，「投冠旋舊墟」，要退了。6

　　每天在桓玄身邊做事，陶淵明對桓玄瞭解得很透徹，他不是忠於晉室，反對司馬道子等權臣，而是為了篡位，最終做上皇帝。

　　陶淵明在桓玄手下做官，聽他使喚，無形中也成為他的幫兇。如果有一天，桓玄的陰謀成功，那他們就變成同樣的人，背上歷史的罵名。這樣下去，自己品德被玷汙，有辱祖先的榮耀，家人親屬受連累，不得善終。他思想鬥爭激烈，越想越不能待在桓玄身邊，看來這個官真的做不下去了，他要找機會辭官歸田。

　　眼下在做與心願相違背的事，簡直是天大的矛盾。他的抱負難以付諸行動，他要急流勇退，辭官不做。歸隱的聲音，又在心中響起。

　　陶淵明回到江陵後，看到形勢險惡。桓玄趁朝廷被孫恩的農民起義牽制，加緊培養自己的勢力，並時刻在探察對方的破綻和漏洞，乘機發動進攻。陶淵明的回歸之心更加強烈，但在此節骨眼上，突然辭職是會惹起桓玄亂猜疑的。他萬分為難時，接到母親去世的消息。

6　李長之著：《陶淵明傳論》，第51頁，天津：天津人民出版社，2015年版。

公元 401 年的冬天，陶淵明的老母親病故。按照民間的風俗習慣，母親去世，子女要守孝。他身在官場，心卻早已經飛回到老家，他時時都在思念門前的五棵柳樹和家中的親人。他是個大孝子，聽到母親去世的噩耗，哀痛欲絕，「噩耗傳來夢亦驚，寢門為位淚泉傾」。他立刻辭官，急忙回家為母親奔喪守孝。

這一年，陶淵明三十七歲。他又一次離開官場，回歸田園中。

第五章

宦海浮沉

「十月胎恩重，三生報答輕。」父母亡故後，兒女要守孝三年，報答父母的養育之恩。早在周朝時期，就形成了子女為父母守喪的「丁憂」風俗。

　　陶淵明是孝子，遵守古人留下的風俗。父親離開得早，他在母親的呵護下成長，接受她的教育更多。在為母親守孝的兩年多時間裡，他的心無法平靜，經常思索幾次官場經歷。

　　坐在墳前，和母親面對面地說話，傾訴心中的想法。母親墳頭的野草經過夜的滋潤，滾動著純淨的露珠，詩一般的畫面讓陶淵明深情地陷入對家族的回憶。沒有母親的日子，感覺缺少主心骨，如今所有的事情由他擔當。在母親的墳前，遠離塵世的功利，他內心充滿愧疚，覺得對不起母親，她病逝的時候自己在外為官，未能為她送終。守孝的日子裡，悲痛化為回憶。為了紀念母親，陶淵明寫出《晉故征西大將軍長史孟府君傳》。八歲的他失去父親，母親是孟嘉的四女兒，他們多在外祖父家中度過，那裡有大量的藏書，使他有讀書的空間，也讓他有了「猛志逸四海」的豪情、「性本愛丘山」的天性。陶淵明不是誇誇其談的人，他有追求、有責任心，有遠大的理想。《晉故征西大將軍長史孟府君傳》的結尾，他心潮起伏，難以平靜下來，引用孔子的一句話說：「進德修業，以及時也。」外祖父離開人世時，僅五十一歲，不能再為國家做出更大的成績，這是多麼大的損失，作為後代，陶淵明感到萬分惋惜。他動情地說：「道悠運促，不終遠業，惜哉！」陶淵明雖在家守孝，遠離紛雜的社會，但仍然關注社會上發生的事情。東晉政權在這個時期發生劇烈地動盪，走到了滅亡的邊緣。

農民起義的衝擊，讓當權者時時受困擾。太元二年（公元 377 年）十月，為了鎮壓農民起義，拆除這個危險的火藥桶，抵禦前秦的襲擾，謝安推薦謝玄為建武將軍、兗州刺史，領廣陵相，監江北諸軍事。他招募北來民眾中的驍勇之士，組建一支軍隊——北府兵。《資治通鑑》孝武帝太元二年十月載：「玄募驍勇之士，得彭城劉牢之等數人，以牢之為參軍，常領精銳為前鋒，戰無不捷。時號北府兵。」《晉書·劉牢之列傳》記載：「太元初，謝玄北鎮廣陵，時苻堅方盛，玄多募勁勇，牢之與東海何謙、琅琊諸葛侃、樂安高衡、東平劉軌、西河田洛及晉陵孫無終等以驍猛應選。玄以牢之為參軍，領精銳為前鋒，百戰百勝，號為北府兵，敵人畏之。」

桓、謝是東晉四大門閥的兩大家，既有爭權奪利的衝突，也有維護士族階層權益的本能。

農民起義被北府兵殘酷鎮壓下去，朝廷中各派勢力爭權奪利，搶占地盤，相互殘殺的局面愈演愈烈。掌握實權的司馬道子父子和同夥們，早知道桓玄有篡位的野心。在此之前，因為急於鎮壓農民起義，找不到殲滅桓玄的藉口和機會。當北府兵一舉剿滅農民起義，桓玄的野心暴露在光天化日之下，司馬道子的機會來了，開始動手鎮壓桓玄的勢力。司馬道子的兒子司馬元顯是急先鋒，發出一道命令，讓北府兵將領劉牢之圍剿桓玄，消滅威脅朝廷的政治勢力。

劉牢之，字道堅，生年不詳，彭城（今江蘇徐州）人。他是東晉時期的名將，自幼生長於尚武世家，曾祖劉羲以善射跟隨晉武帝，歷任北地、雁門太守。父親劉建有將才，官至征虜將軍。《晉書·劉牢

之列傳》記載：「牢之面紫赤色，鬚目驚人，而沉毅多計劃。」他與司馬道子有矛盾，看不慣他的人品，眼前的處境看似重用，其實是不好的兆頭。他知道消滅桓玄，不是什麼好事，說不定下一次就會輪到自己。劉牢之能征善戰，深有謀略，絕不憑感情做事，凡事都會三思熟慮。他想保存實力，觀察局勢後再行動。

接令後，劉牢之表面痛快應令，其實按兵不動。他暗中操作，派心腹聯絡桓玄，想藉助他的軍隊，一箭雙鵰，先滅掉司馬道子，再解決桓玄，由他登上皇帝的寶座。劉牢之小心眼，太急於求成，做了錯誤的推斷。桓玄不是等閒之輩，從小耳濡目染，學的就是玩弄政治權術。他是桓溫後代，像他父親一樣詭計多端，不是任何人可以算計。

桓玄看出劉牢之的陰謀，但表面仍然如故，親熱無比，就是不捅破這層窗戶紙。過去因為種種原因，桓玄找不到起兵的理由，只是警惕地觀察，不敢貿然發兵。如今司馬道子撕破臉，公然要滅掉他。

桓玄暗中就是反對司馬道子聯盟的領袖，現在有了起兵的理由，決定先下手為強。桓玄表面上與劉牢之聯盟，兵馬會合一處，一路殺到國都建康，闖進皇宮捉住司馬道子和同黨，殺死司馬元顯。在關鍵時刻，桓玄未等劉牢之反應過來，便立刻把臉一翻，奪取他的兵權。可憐的劉牢之想反抗，已經來不及，面對這樣的局勢，只得選擇體面的下場，最終被迫自殺，他的兒子劉敬宣逃到北方。平息劉牢之不久，司馬道子在逃亡中被桓玄的人殺死，東晉政權落到桓玄的手中。

東晉置江州，轄境為江西大部，後南朝多次分割，使江州轄境變小。唐代詩人白居易《琵琶行》中的名句：「座中泣下誰最多？江州

司馬青衫濕。」[1]詩中的江州，就是指這裡。北府兵與孫恩農民軍起義的戰事，朝廷與桓玄的戰爭都發生在江浙一帶，江州是主要戰場。幾股勢力的拉鋸戰，使廬山腳下這片土地被破壞得慘不忍睹。接連的戰事，更是讓百姓陷入到水深火熱中。

桓玄上台掌權，終於實現了父親的遺願。他對百姓的生死不放在心上。他大功告成，與同夥們額手相慶，過著驕奢淫逸的生活，處決不是同路的將領。他狂妄至頂峰，驕色易露，一心想盡快登極當皇帝。回想父親的當年，費盡千辛萬苦，只差一點成功，不幸的是病入膏肓，又讓謝安等人拖延時間，不久因病離世。每次想到這裡，桓玄都會咬牙切齒，他不犯前人的錯誤，要接受血的教訓。

公元 403 年的冬天，桓玄廢晉安帝司馬德宗為平固王，把晉安帝軟禁在潯陽，那裡是陶淵明的家鄉。桓玄將國號改為楚，自稱楚王。

桓玄實現自己的夢想，做了大楚國的皇帝。過去在桓玄身邊做事的人，欣喜若狂，該提升的提升，該獎勵的獎勵，各自撈取勝利的果實，鞏固自己的地位。

陶淵明三十九歲，正在老家耕田種地，為母親守孝。他應該借新皇帝賞恩的機會，找出過去的面子，請一個適合的位子。畢竟幾年前，他在桓府中做僚佐，桓玄對他的表現比較滿意，又替桓玄進京上過表。

1　[唐]白居易著：《琵琶行》，引自[清]蘅塘退士編選《唐詩三百首評註》，第128頁，濟南：齊魯書社，2001 年版。

陶淵明和別人不一樣，幾次踏入官場，學不會拍馬屁的辦法。他不想在國家動盪不安時期，撈個一官半職。他在這一年創作達到高峰，寫出《癸卯歲始春懷古田舍二首》《癸卯歲十二月中作與從弟敬遠》《停雲》《時運》。在這些詩篇中，講述對隱居生活的歡喜，對國家動亂的思考。他的詩歌中對桓玄稱帝的事，沒有一點表示。他在《停雲》寫道：

　　靄靄停雲，濛濛時雨。
　　八表同昏，平路伊阻。
　　靜寄東軒，春醪獨撫。
　　良朋悠邈，搔首延佇。

　　停雲靄靄，時雨濛濛。
　　八表同昏，平陸成江。
　　有酒有酒，閒飲東窗。
　　願言懷人，舟車靡從。

　　東園之樹，枝條載榮。
　　競用新好，以招余情。
　　人亦有言：日月於征。
　　安得促席，說彼平生。

　　翩翩飛鳥，息我庭柯。
　　斂翮閒止，好聲相和。

豈無他人，念子實多！

願言不獲，抱恨如何。

　　桓玄做上楚國的皇帝，笑容還來不及凝固，就招來一部分官員和廣大老百姓對新政權的極為不滿。他只顧自己享受，對百姓的冷暖從不過問，對國家混亂局面的平定，未採取強有力的舉措。各地的政治勢力和百姓都反對桓玄。當初鎮壓農民起義的北府兵首領劉牢之，被桓玄逼死，他手下的干將劉裕有一定的實力。北府兵是訓練有素的軍事力量，曾經以八萬北府軍打敗八十七萬氐族軍而著稱的淝水之戰，是古代歷史上著名的以少勝多的戰役，從此北府軍威震天下。北府軍的兵權從此就落到了劉裕手中。他憑藉這支力量，在京口起兵，直逼建康城，討伐狂妄的桓玄。

　　公元 363 年，劉裕生於晉陵郡丹徒縣京口里，字德輿，小名寄奴。他是平民出身，後來成為北府兵的軍卒。在鎮壓孫恩的農民起義軍中，他憑靠軍事才能和不怕死的精神，屢立戰功，從一個無名的兵士，晉陞為北府兵的重要將領。桓玄掌權以後，曾經想依靠他的實力坐天下。劉裕早已密謀討伐桓玄，只是狡猾的桓玄未能發現蛛絲馬跡，一直蒙在鼓裡。

　　桓玄不是等閒之輩，具有很強的實力，打垮他並非易事。此前，司馬道子和劉牢之由於低估桓玄的實力，結果釀成一場悲劇。劉裕經歷過此事的全過程，敢於起兵反叛桓玄需要勇氣。此時的桓玄坐在皇帝的寶座上，忘乎所以，什麼話不放在心裡，對來自各地的反對聲滿不在乎。桓玄絕未想到劉裕的行動，這讓他猝不及防。還來不及回味

做出應對，就被劉裕打得大敗，慌忙逃出宮殿。

桓玄在逃亡的路上，路過江州潯陽，帶走軟禁的晉安帝司馬德宗，他以為人質在手中劉裕不敢對他怎麼樣。江陵古稱七省通衢，前身為楚國國都郢，從春秋戰國到五代十國，先後有三十四代帝王在這裡建國都。從漢朝起，江陵長期作為荊州的治所，所以荊州被稱為江陵。這裡是桓玄起家的根據地，他有盤根錯節的關係網。所以桓玄逃回來暫時放下心，以緩解奔逃的疲憊，殘喘過了一些日子。

晉安帝元興三年（公元 404 年）二月，劉裕隨同徐、兗兩州刺史安成王桓修入朝。桓玄當時抱著僥倖心理，他以為用太極策略，時間一長，就可打消劉裕的不滿情緒。劉裕不是等閒之輩，不動聲色，暗中做好準備的工作，加緊起兵的時間。

劉裕斟酌再三，想出一條理由，說自己舊傷復發，不能長途奔波。其實他已與何無忌同船而回，密謀興復晉室。劉裕表面養傷，暗中派劉毅至江北起兵，兩人策劃殺死桓弘。諸葛長民時任豫州刺史，刁逵是左軍府參軍，劉裕下令殺掉刁逵，占據歷陽。王元德、辛扈興和童厚之帶領手下的人在京城內活動，以便裡應外合。劉裕以遊玩打獵作為由頭，與何無忌一夥人相聚，共有一百多人。第二天清晨，劉裕與何無忌率精兵在京口城偷襲桓修。

劉毅，字希樂，彭城郡沛縣人。他的曾祖父劉距做過廣陵相，其叔父劉鎮，官至左光祿大夫。他受家庭的影響，從小胸懷大志，最初官為州從事，後桓弘召其為中兵參軍屬。

桓玄篡位以後，劉毅與劉裕、何無忌、魏詠之等人，背地謀劃大事，計劃討伐桓玄。劉毅先後討伐駐京口的徐州刺史桓修，駐廣陵的青州刺史桓弘。劉裕率領劉毅等人行至竹裡，此時桓玄的部將皇甫敷、吳甫之率軍向北抵抗義軍。江乘是長江下游重要渡口，當時是南北交通要沖，兩軍在這裡相遇，交戰中義軍殺死吳甫之，挺進羅落橋，又將皇甫敷斬首。

劉毅等人率隊伍進至蔣山，劉裕派體質瘦弱的兵士先登上山，樹起眾多的旗幟作為疑兵，桓玄無法判斷對方的人馬有多少。桓謙的士兵大多數是北府兵老底子，他們非常害怕劉裕，知道他的厲害，不敢貿然出戰。劉裕與劉毅根據戰勢，將士兵分成多支小隊，衝入桓謙的陣中。恰逢這時東北風颳得猛烈，義軍乘機開始火攻，火借風勢越燃越烈，濃煙遮天蔽日，戰鼓和殺聲似席捲的風暴，震碎京師士兵的氣勢，桓謙率軍馬逃散。

桓玄向西逃竄，劉裕任命劉毅為冠軍將軍、青州刺史，令他與何無忌、劉道規追擊桓玄。桓玄強逼天子與琅琊王西遷，劉毅率隊乘勝追擊，在崢嶸洲一帶大戰。劉毅又上演一次火攻，乘風勢火攻敵陣，士兵英勇善戰，桓玄部眾大敗，連夜逃走。桓玄和殘兵苦戰，士兵沒有鬥志，元氣大傷。丟盔棄甲的逃竄中，桓玄被益州督護馮遷斬殺。桓玄的新國就此徹底失敗，晉安帝被解救回朝廷，東晉的政權實際落入劉裕的手中。

劉裕被推舉為鎮軍將軍，徐州刺史，都督揚、徐、兗、豫、冀、青、幽、並八州軍事，完全掌握國家的控制權，他吸取教訓，鞏固自

己的權力和地位。

不管是誰都願做人上人，劉裕想當皇帝也不例外。他比桓玄棋高一籌，知道欲速則不達，時機不成熟，反而壞大事。他調整心態，壓抑心裡的慾望，耐心等待時機。劉裕自己不做皇帝，反而把晉安帝重新扶植上台，顯示出他是忠臣良將，不是一身叛骨的小人。劉裕虛情假意的效果顯著，得到許多人的擁護。劉裕精心佈置計劃，上任後不久，政局很快穩定下來，百姓的生活恢復正常。

劉裕是聰明人，心裡明白，國家的強大不是靠吹牛，而是需要招收天下的人才，才是鞏固政權的長遠大策。

守孝期快滿的陶淵明，過著隱居生活，也看到劉裕主政後東晉政權的變化。他如同在黑暗中發現一縷光亮，有了新的希望，安靜的心躁動起來。從小立下的遠大理想，實現的機會來了。陶淵明正好四十歲，頭髮中生出白髮，每日躬耕於田地，或坐在柳樹下讀書，沒有做成什麼事業。陶淵明《榮木》中寫道：

采采榮木，結根於茲。
晨耀其華，夕已喪之。
人生若寄，憔悴有時。
靜言孔念，中心悵而。

采采榮木，於茲托根。
繁華朝起，慨暮不存。

貞脆由人，禍福無門。
匪道曷依？匪善奚敦？

嗟予小子，稟茲固陋。
徂年既流，業不增舊。
志彼不捨，安此日富。
我之懷矣，怛焉內疚！

先師遺訓，余豈云墜？
四十無聞，斯不足畏。
脂我名車，策我名驥。
千里雖遙，孰敢不至！

陶淵明不甘心平庸度過一生。為母親守孝期間的思索，對母親的思念之情，百感交集在一起，難以平復下來。於是他寫《榮木》一詩，說出當時的心情。

夏日的一天，陶淵明坐在園子中，望著幾棵木槿樹思潮起伏。一枚鮮潤的花瓣，在陽光下奪人眼目。花在清晨時那麼豔麗，到了黃昏落下，哀怨斷腸的愁緒，讓他想到人生的短暫。

我不敢說真正瞭解陶詩本體。讀陶詩集四十年，仍時時有新發現，自謂如盲人摸象。陶詩之不好讀，即因其人之不好懂。陶之前有曹，後有杜，對曹、杜覺得沒什麼難懂，而陶則不然。

陶詩比之杜詩總顯得平淡，如泉水與濃酒。濃酒刺激雖大，而一會兒就完，反不如水之味永。若比之曹公是平凡多了，但平凡中有其神祕。平淡而有韻味，平凡而神祕，此蓋為文學最高境界，陶詩做到此地步了。

詩必使空想與實際結合而為一，否則不會親切有味。故幻想必要使之與經驗合而為一。經驗若能成為智慧則益佳。陶詩經讀耐看，即能將經驗變為智慧。[2]

大學者顧隨讀陶淵明的詩四十年，仍然感覺每一次讀，和初升的太陽一般，有新的發現，新的感受。在他斷片的寫作中，剖開時間之樹的年輪，尋找詩人的蹤跡，探查每一個字的源頭。陶淵明的詩平凡，不易引人注意，讀進去才能品味出特殊的味道。

草木和人一樣有情感，它們也有生死離別。活著就要踏實，不能虛度年華，等待死亡的降臨。時光正在流逝，功業未建立，這是自殘生命。在大自然中思考人生，少了複雜事物的干擾，想到這兒，陶淵明下定決心，要實現遠大的理想，去劉裕那裡應招做官。

陶淵明過去是桓玄的部下，未參加這場篡權陰謀的戰爭，他在家中為母親守孝。況且他當時只是小官吏，在骯髒的官場上不追求名利，始終保持自己的節操，深得一些人的好評。

劉裕現在急需鞏固天下，四處網羅人才為他服務。陶淵明在桓玄府中官不大，認識不少人，交下的好朋友這時都出來替他說好話。劉

2　顧隨著：《駝庵詩話》，第75—76頁，天津：天津人民出版社，2007年版。

裕一肚子心眼，表面上一副慈祥的笑容，當然對名聲好的人，他是不會拒之門外的。

沒有費多大的周折，陶淵明再度進入官場，擔任參軍的官職。劉裕看重陶淵明的才氣，但另一方面，劉裕的新政權剛剛建立，忙於清除桓玄的殘餘勢力，不管怎麼說，陶淵明是桓玄的舊部，有些事情上不放心，不敢完全放手。因此，陶淵明難以發揮大作用。

每天穿上官服，戴上官帽，走進官府的大院子。看到門前侍立的兵丁，那雙冷漠的眼睛，陶淵明總有一種壓抑的感覺。人的臉本就不真實，碰到不同的人，必須轉換一張新臉應酬。

陶淵明不是第一次入官，話多惹是生非，藏起個性做隱形人，是官場生存的法寶。在劉裕身邊做事，可以不多說一句話，但不能不觀察。經過一段時間的觀察，他對劉裕不是敬仰，而是越來越失望。劉裕聰明超人，做出過重大的政績，但他多疑善猜，心狠手辣，不放過任何有疑點的對手。劉裕掌權開始，立即剷除對立面的人，拉幫結派形成小集團。有幾件事情刺痛陶淵明的心，讓他難以平復。在討伐桓玄的戰爭中刁逵衝鋒在前，立下汗馬功勞，但劉裕殺害了他和他的全家。王謐原來是桓玄手下的心腹，此人善於拍劉裕的馬屁。劉裕一入建康，他急忙上書，推舉劉裕為鎮軍將軍、徐州刺史、都督八州軍事。人們都以為王謐罪有應得，劉裕卻和人們唱反調，任命王謐為錄尚書事領揚州刺史。

這幾件不公平的事，讓陶淵明又一次感受到絕望，隱居田園與仕途之路的矛盾再度在他心中出現。有時夜裡失眠，坐在窗前，呆望窗

外的夜空，承受內心的煎熬。

公元 404 年六月，陶淵明在上任的途中，曾寫下一首《始作鎮軍
參軍經曲阿作》。他第三次出來做官，即是家境生活所迫，也是想實
現人生的志向。他有一腔抱負，想給家族和國家做貢獻。

> 弱齡寄事外，委懷在琴書。
> 被褐欣自得，屢空常晏如。
> 時來苟冥會，宛轡憩通衢。
> 投策命晨裝，暫與園田疏。
> 眇眇孤舟逝，綿綿歸思紆。
> 我行豈不遙？登陟千里餘。
> 目倦川途異，心念山澤居。
> 望雲慚高鳥，臨水愧游魚。
> 真想初在襟，誰謂形跡拘？
> 聊且憑化遷，終返班生廬。

拋家捨業，一個人在外面打拚，漂泊的思緒不是任何人都能承受住
的。坐在船上的陶淵明，面對一江大水，看著流動的水波，聽著節奏
鮮明的送浪聲，思念化作一枚樹葉，寫上一封家書，讓水送往遠方的
家中。

傾訴的真情，既有情感的質白，又有家的溫暖。在仕途的幾次沉
浮，陶淵明認為是命運的安排。

劉裕任命劉敬宣做建威將軍和江州刺史，駐地在潯陽。那是陶淵明的老家，離江州府的路程不遠，陶淵明希望到那裡任職。一方面不誤公事，另一方面也能隨時照顧家務，兩者兼顧，更重要的是遠離劉裕。經過一番的周旋，陶淵明轉到建威將軍劉敬宣手下做參軍。劉敬宣上任江州府的刺史，權力雖在手中，日子其實並不好過。

劉敬宣是北府兵的首領劉牢之的兒子，劉牢之被桓玄逼死，劉敬宣逃亡到北方的南燕國，現在又回來當地方官。劉裕過去是劉牢之的舊部，劉牢之對劉裕一直很好，兩人的私交深厚。劉敬宣做了建威將軍和江州刺史，引起隨劉裕一起打仗的將領們的不滿，很多人不服氣。劉毅和劉裕說過，劉敬宣是什麼人，打桓玄的戰爭未參加，沒有為國家做出過貢獻，現在當上江州刺史，於情於理不通。眾人心裡忿忿不平。

晉安元興三年（公元 404 年）二月，劉毅與桓玄在崢嶸洲大戰，最後大破桓玄，他在戰火中拚死作戰的時候，劉敬宣躲藏在哪裡？劉毅的話還是有道理的。劉敬宣聽到這種聲音，內心不安穩，與其等別人撤職，不如自己上表請辭，離開是非之地的江州府。劉敬宣派陶淵明上京進自表解職。陶淵明在去的路上，經過安徽的錢溪，寫下抒懷的一首詩《乙巳歲三月為建威參軍使都經錢溪》：

我不踐斯境，歲月好已積。
晨夕看山川，事事悉如昔。
微雨洗高林，清飆矯雲翮。
眷彼品物存，義風都未隔。

伊余何為者，勉勵從茲役？

一形似有制，素襟不可易！

園田日夢想，安得久離析？

終懷在歸舟，諒哉宜霜柏。

　　江南的三月，是一個美好的季節，陶淵明經過錢溪。六朝時，溪邊置梅根冶鑄錢，因此而得名。東晉時錢溪是沿江有名的港口，褪去陰雲的天空，被雨洗得清澈，出現暖人的陽光。他呼吸著濕潤的空氣，江風拂淨鞋上旅途的塵土。人在途中，身體雖然有些疲憊，但暫時離開爾虞我詐的官場，回歸於大自然中，身心得到徹底的放鬆，腦子裡刪除了所有的雜念，卸掉防範的意識，感受自由所帶來的愉悅。

　　「我不踐斯境，歲月好已積」，陶淵明再一次來錢溪，不是故地重遊，而是感嘆歲月的流淌，自己辛苦奔波到底為什麼？

　　旅途中沒有約束，陶淵明可以脫下官袍，換上普通的衣裳，按計劃行程。眼前的山水美景，打動不了詩人的心。追名逐利者是不願意放棄官場生活的，否則就享受不到豐厚的物質生活了。但追求精神生活是一件難事，是平常人難以得到的。

　　劉敬宣上表自求解職，苦透了陶淵明，原本是來做劉敬宣的參軍，但他突然離開江州府，陶淵明在這裡還有何意義？經歷這番折騰，陶淵明歸田種地的想法又不斷地往外湧動。但他不甘心這樣結束，想再等一陣子，是否能等來一個好上司。陶淵明克制言行，他在官場又待了一段時間。結果事與願違，官場各派明爭暗鬥，沒有給百

姓做實事的人，他打從心眼裡感到失望。

陶淵明對自己的處境有著清醒的認識，他曾是桓玄手下的幕僚，這是一大罪狀，歷史問題不可能抹殺。無事怎麼都好說，但凡有個風吹草動，翻出過去的歷史問題就是大事。官場是無硝煙的戰場，每天提心吊膽，防明槍躲暗箭。江湖險惡，你爭我鬥，不在其中，感受不到來襲的危情。找不到安全的地方，甚至清白和性命都保不住，談宏大的理想都是假話和廢話。唯一的辦法退出官場，回歸田園種地，過日出而作、日落而息的生活。染缸般的官場，再待下去終究會出事。

晉安帝義熙元年（公元 405 年）三月，在劉敬宣離開江州後，陶淵明脫下官袍，回歸家中過普通的生活。《飲酒》其十七中寫道：

幽蘭生前庭，含薰待清風。
清風脫然至，見別蕭艾中。
行行失故路，任道或能通。
覺悟當念還，鳥盡廢良弓！

可是無論怎麼樣的努力，都不會推動社會這座大山。有誰愛惜一個人的才華？要生存下去，依靠的是關係。君子守住的是清高傲骨，小人們投機取巧，可以送上厚禮，坐上合乎心意的位子。陶淵明能做這樣的事情麼？仕途這條路對於他來說，越走越迷惘。就這樣陶淵明走出江州府，第三次離開官場。

第六章

不為五斗米折腰

一

「不為五斗米折腰」是陶淵明的經典語錄，是對他做人風骨的詮釋，也是他命運轉折的一次機會。

晉安帝義熙元年（公元 405 年）三月，四十一歲的陶淵明，隨著劉敬宣的解職，離開江州府歸隱田園。閒居五個月以後，金秋八月，他最後一次離開家門，再次投身官場。

陶淵明的計劃是種地、讀書、喝酒、寫詩，在家過普通實在的生活。兵荒馬亂的年月，想過太平的日子實在難。他年過四十，頭上生出白髮，眼角出現皺紋，已經是五個孩子的父親。一大堆孩子正處在成長的年齡，等米下鍋吃飯，可家裡太窮，存放糧食的缸常常是空無所有。這是陶淵明每天要面對的現實問題，生活雖與官場不一樣，但也非常殘酷。作為一家之主的陶淵明是讀書人，他不會出去經商。

陶淵明絞盡腦汁，也想不出好辦法來維持家庭的正常運轉。在他舉步艱難時，任太常卿的家叔陶夔，推薦他到彭澤縣做縣令。

彭澤位於江西省最北部，長江中下游南岸，九江的東北角上，北臨長江。官職只是個小縣官，陶淵明接到消息後陷入了沉思。他坐在五柳樹下，聽著枝頭鳥兒的鳴叫，看著天空飄浮的雲絮，眼前的生活困境，讓他下決心赴任。他注視著每一棵柳樹，向先祖講述心中的困苦。眼前出現了他們的影子，他獲得精神的支持和再次走進官場的勇氣。做出決定後，他收拾好隨身帶的東西，囑咐好家人和孩子，在一個晴好的日子上路了。他在《歸去來兮辭》序中說：「於時風波未

靜，心憚遠役。彭澤去家百里，公田之利，足以為酒，故便求之。」
從文中讀出他願意做彭澤縣令，好處有幾個方面，對於身處生活困境
的他，這是最好的選擇。

官大小無所謂，關鍵是吃俸祿，有安穩的收入，能保證家中的溫
飽。彭澤離家不算遠，距離不過百里多地，來往比較方便，公私不
誤。當時劉裕清剿桓玄殘餘勢力，正處在風口浪尖上，國家的局勢不
安寧，陶淵明有過幾次官場的經驗，不想捲入政治風波中。天高皇帝
遠，待在彭澤小縣裡，少惹事纏身。

陶淵明完全為了自身的需求，他愛喝酒，由於家中窮得連飯都吃
不上，哪有錢買酒喝。縣官是土皇帝，什麼事都能決定，也不用看別
人的臉色。縣衙管轄內有三百來畝公田，種什麼作物，一切由縣令做
主。他大概估算了一下，如果全部種上秫米，可以釀造許多酒，完全
能夠解決喝酒的問題。

在彭澤做縣令，是當地最高的統治者，陶淵明並沒有得意忘形，
想在那里長期幹下去。他在上任前，就不斷對人說：「我聊欲絃歌，
以為三徑之資，可乎？」他公開地說，這次去當個小官，多攢一點
錢，為以後隱居做準備。任何人做官都能發財，唯有他不會，因為他
不是斂錢的人。陶淵明幾進幾出官場，心態發生大變化，憑自己的微
薄力量，不可能大展宏圖。當務之急是解決溫飽，讓家人不餓肚子，
為日後生活積點資金。

當了八十多天的彭澤縣令，時間不長不短。一個人在外常常想
家，經常有歸隱之心，他履行義務，做縣令該做的事情。他在任的一

段時間，一切還算平靜。只有一件事讓他家人發生過衝突，對於縣衙的公田種什麼，夫妻倆發生過爭執。陶淵明打算全種上釀酒的秫，妻子翟氏堅決不同意，認為他自私。一個人吃飽喝足，家裡人怎麼辦，吃飯都有問題，還有心情喝酒麼？在妻子強烈的反對下，陶淵明退讓了一步，採取折中的辦法，二百五十畝地種秫米，五十畝地種家人的秔米。因為在彭澤縣待的時間短，沒有等到秫米成熟，陶淵明沒有喝上公田糧釀的酒。

麻雀雖小，五臟俱全，一個縣令雖是底層的小官，但權力不小。一朝權在手，便把令來行。他在彭澤縣做縣令，想為百姓幹實事留下業績，不背千古罵名。陶淵明不是黑心人，也不是那種混飯吃的人。他家離彭澤不遠，沒有把一家老小帶來作威作福。

長子儼十四歲，是個未成年的孩子，仍然留在家中。陶淵明只是派官差的勤雜工，幫助孩子做瑣碎的活計。「子不教，父之過。」某些官員經常擺官架、顯示權力的威嚴，說假話，幹壞事，這種環境中長大的孩子不可能學好。

蕭統在《陶淵明傳》又曰，陶淵明在給儼的信中說：「汝旦夕之費，自給為難。今遣此力，助汝薪水之勞。此亦人子也，可善遇之。」[1]父親對兒子說的這幾句話，閃著思想的光芒，凸顯人格的魅力。他不會因為一時做官，讓孩子們學會壞毛病，他要讓孩子學會自力更生，所有的人和物都要平等善待。

1　[南北朝] 蕭統著：《陶淵明傳》，宋李公煥《箋注陶淵明集》卷末，《四部叢刊》影印宋刊巾箱本。

082　歸去來兮陶淵明

二

時間很快地過去，陶淵明在彭澤做縣令八十多天。每天按部就班，沒有發生意外的事情。一天有人向他上報說，督郵要到縣裡察訪民情。

在東晉末年動亂的時代，官府腐敗猖狂，搜刮民財十分厲害，老百姓繳不上國家要求的租稅。有些地方的縣令為了保住官職，變本加厲地向百姓徵收租稅，也有一些稍有良心的縣令不願意過分欺壓百姓。督郵的職責是下鄉視察，檢查催繳租稅的情況。

陶淵明第一年做縣令，督郵要檢查他新上任後的政績情況。官大一級壓死人，他們仗著權力在手，一路享受美酒美女的款待，也不放過撈油水的大好機會。下級官吏見上面來的人畢恭畢敬，借此時機拉關係，欺上瞞下，為日後的陞遷鋪平道路。如果堅持真理，稍有不從得罪了督郵，可能會丟掉官帽。

陶淵明對於督郵的來訪，根本不當一回事。他在魏晉時期是少數有良知的知識分子，守住自己的人格，不與強權勢力同流合汗是他的原則。

督郵要來的消息早已送達，這實際上是在告訴他如何應酬，按什麼規格招待，送多麼貴重的禮物，去看哪幾家形象工程。總之千頭萬緒，歸結為一條，就是讓上面來的督郵，高興而來，滿載而歸。

這一天到了，陶淵明和往常一樣，沒有做任何迎接督郵的安排。

衙門小吏對陶淵明說，督郵大人馬上就到，是否要全力接待，您怎麼跟沒這事似的。陶淵明瞧他一眼，不解其意地問，要做什麼準備呢？

小吏和陶淵明相處的時間不長，但對於陶淵明的為人處世、平易近人，小吏非常敬仰。他覺得這樣的官太少，因為知道他的脾氣秉性，才好心提醒。

小吏是想幫陶淵明，但卻傷害了他的自尊心。幾進官場，雖然未做過大官，也算見過世面。過去侍候的幾任上司，王凝之、桓玄、劉裕都不是等閒之輩。督郵和他們相比，只是個芝麻粒大的官。他對名利看得不重，也不是勢利眼，以官職大小對待人。他和督郵未見過面，沒有結下怨仇。陶淵明認為，人與人應該平等相處，不要分成三六九等。為了保住烏紗帽，奴顏婢膝，說一套連篇的假話，降低自己的人格，陶淵明是絕對做不到的。

督郵在官場上隨處可見，一抓一大把。官場的幾次沉浮，陶淵明早看得透亮，在弱肉強食、爾虞我詐的門閥社會的官場上，想不低下高貴的頭，只有死路一條。如果想長期做官，得到固定的俸祿，讓家人和自己生活得安穩，就要付出代價，精神上就要接受煎熬，這是難以用錢平衡的。另一條是絕路，從官場逃出去，回歸田園的生活，遠離虛偽的官場得到解脫。作家張煒說：

有時候人的「尊嚴」是扭曲的、畸形的，比如被名聲、被社會觀感所左右，這時候的「尊嚴」會是虛妄甚至虛擬的。真正的尊嚴應是個人生命的呼喚，即要看自己到底想要什麼，不能被外部和內部的慾

望所控制。一個人在鑑定自我價值時，真正做到不管不顧是很難的。真正的尊嚴與社會性的評價、觀感和概論，常常沒有什麼必然的關係。從這個意義上講，過多地討論陶淵明對晉室的忠誠與否是不必要的。因為那是一種外在的認知和規定，是一種集體意向，起碼是一部分忠於晉室的知識人共同的選擇和願望。僅僅在這種意向之下觀察陶淵明的「尊嚴」與「自由」，雖然也有一定的意義，但有可能不是什麼最根本的意義。他越是能夠掙脫那些貌似激烈、偉岸的群體意志，就越是能夠顯示個人的非凡和卓爾不群。一個人對集體意識的掙脫、背棄和疏離從來都是最難的。[2]

陶淵明身上流淌祖先的血液，夜晚坐在窗前，望著升起的月亮，一陣蟲鳴聲，挾著秋天的氣息。幾天來，他回味了很多的東西，想到人的生死，如同月亮的陰晴圓缺。如果一個男人喪失做人的尊嚴，上頭來一個人，就要乞討似的彎腰屈膝，這個人活著還有什麼意義。

秋天是個多愁善感的季節，陶淵明觸景生情，站起身子，挺起胸膛，目光奔向夜的深處，堅定地說：「我豈能為五斗米，折腰向鄉里小兒！」[3]他來到彭澤後，每天面對枯燥的公文難以適應。他也不斷地告誡自己，必須學會應對社會，這是生存之本。即使自己不想做縣令，但起碼要幹一年，證明自己有這個能力。再說等田裡的糧食收穫一季，釀出好酒後，再回家也不遲，不然二百多畝地的糧食白種，就讓別人得到實惠了。

2　張煒著：《陶淵明的遺產》，第72—73頁，北京：中華書局，2016年版。
3　[南北朝] 蕭統著：《陶淵明傳》，宋李公煥《箋注陶淵明集》卷末，《四部叢刊》影印宋刊巾箱本。

陶淵明覺得每在縣令上做一天，等於對自己是背叛。不能用「坐臥不安」形容此時的心情，而是恨不能添雙翅膀，向家鄉飛去。他的心清亮起來，不等督郵的大駕光臨，便脫去縣令的官服，交出官印和象徵權力的官帽，掛在衙門府的牆上。無官一身輕，清白地來，清白地走。這一次離開彭澤，將永遠終結官場生涯，徹底回歸大自然中，做熱愛田園的勞動者。從此不再趨炎附勢，保持純真的本性，不為任何名利浮華改變。

五斗米，作為晉代縣令的俸祿，微薄得很，對於養家餬口是一筆財富。陶淵明去世後，至交顏延之，為他寫下《陶徵士誄》，送給了他一個靖節的諡號。顏延之在誄文中，讚頌陶淵明的品格。「不為五斗米折腰」成為一句典故，被後世的人在文章中經常提到。這句話有鋼鐵般的堅毅，擲地有聲。很少有人探問背後的東西，下半句的「向鄉里小兒」，陶淵明不可能指鄉下的百姓，他只是借鄉字，指向督郵一類的小人，為他們折腰不值。

吳昌碩五十五歲那年，經人舉薦出任安東縣令，為官僅一個月便摘下官帽，南下而去。從此以後，不再存有任何仕途想法，潛心鑽研繪畫，沉浸在藝術中。他在江浙一帶和上海，以賣畫為生，成為海上畫派的代表人物。

吳昌碩有一方閒章：「棄官先彭澤令五十日」，這是對陶淵明的羨慕，表達他厭惡阿諛奉承的人格。吳昌碩的《栗里高風圖》，畫面以菊花和歲寒蒼松作喻，讚美陶淵明的高風亮節。一簇簇盛開的菊花散出撲鼻的芳香，右方有一棵蒼松，枝條遒勁，占據半個畫面。樹的

主幹，淡墨滲兌石青，勾勒皴染，顯現出一種精神。右下方的湖石凝重的莊嚴，與左面的紅菊形成強烈的對比。菊和不怕風雪的松，詮釋對陶淵明的景仰。

清代詩人沈德潛敬佩陶淵明，在詩話中寫道：「六朝第一流人物，其詩有不獨步千古耶？」[4]過去的人對陶淵明的評價，更多的是以酒評詩，以傲骨談詩，很少人發現新的視野。一個詩人寫出的文字，是蹤跡史的圖譜，尋找一生的經歷。從人格解釋他的詩，是全新的解讀方法。走進詩中，一定要走近詩人的人格。陶淵明的詩不飾修整，大自然的狂風沐雨，洗刷掉他筆上多餘的東西。他的詩和人格契合，詩是傾瀉清純的光輝。

程氏妹在武昌病逝，意外的悲傷變作催化，在這樣的情況下，不管是多大的官，都不可能吸引陶淵明留下。陶淵明在《歸去來兮辭》序中寫道：「尋程氏妹喪於武昌，情在駿奔，自免去職。」他到彭澤不久後，程氏妹就在武昌去世，悲傷讓他痛苦萬分，必須馬上奔喪，所以他毅然離開彭澤縣。他是一家之主，誰也無話可說，無法阻攔。借程氏妹去世辭官，其實是一個藉口。幾次做官的經歷，讓陶淵明厭惡虛偽、奸詐和造假，他更不容許對人格的壓抑和扭曲。學者錢志熙在《陶淵明傳》中指出：

4　[清] 沈德潛著：《古詩源八則》，引自北京大學北京師範大學中文系、北京大學中文系文學史教研室編：《陶淵明資料彙編》，第 200 頁，北京：中華書局，2012 年版。

對於辭官的原因，淵明自己交代得很清楚，主要應該還是跟當年辭州祭酒一樣，「不堪吏職」。他對州縣的吏職，似乎特別不能忍耐。因為當時的幕僚之職，還可接觸到一些比較優秀的人物，觴詠酬和。而州縣吏中，實在是沒有什麼出色的人物，所接觸的只是一些從裡到外都透著俗氣的俗吏。當然，這些淵明都沒有具體說道，他只是從自己的個性與素來崇尚的自然認真的人格理想來解釋辭官的原因。淵明將生命分為形、影、神三境界，形為物質生命及其欲求，影為倫理價值的呈現，神為自然合道的生命境界，即純粹的精神生命。為了生計而出仕，是服從物質生命的需求，屬於形的層次。而「質性自然」則是精神生命，是神的境界，淵明又將這個叫做「己」「心」，即真正的自我。「飢凍雖切，違己交病」，當精神生命與物質生命在需求上發生衝突時，淵明最終做出了服從精神生命的選擇。[5]

為什麼還不歸去呢？田園里長滿了野草，要荒蕪掉。做事情違背自己的心，終究不痛快，讓惆悵纏繞自己。知道犯錯誤，就要抓緊修正。既然不適應官場的生活，今後就不要再出門做這種事情了。節令告訴人們，春天已經來到，要扛著農具走向田間地頭，開始一年的勞作。「有時套上有布幔的牛車，有時搖起一葉扁舟。曲折蜿蜒進入深邃的山谷之中，又沿著崎嶇的道路登上山丘。」[6]一幅農耕圖，展現的不僅是勞動者的場景，也是人與自然和諧的快樂。陶淵明的著裝，如同田間的農夫，看不出有什麼與眾不同，他聽到大地的召喚，跋山

5　錢志熙著：《陶淵明傳》，第 122 頁，北京：中華書局，2015 年版。
6　郭維森、包景誠譯註：《陶淵明集全譯》，第 280 頁，貴陽：貴州人民出版社，1992 年版。

涉水，觀察自然中的細節。腳印留在大自然，鞋底的紋絡裡存下泥土的證據。

在公共生活中喪失個人的尊嚴，變成阿諛奉承的奴才。人在大自然中無孤獨感，獲得的是旺盛的激情。這裡沒有強權，看不到功利的明爭暗鬥，一切都是自由自在的生存。

三

走在山間，眼睛裝滿綠色，呼吸清淨的空氣，人的精神清爽。面對大自然，所有的私心雜念都蕩然無存，恢復真實的情感，躲藏深處的心，快樂地奔跑出來，迎接新升的太陽。大自然醫治身體的疾病，也能恢復退化的精神。

這是史詩般的場景，每一株樹木都是戲劇中的人物，在大自然的舞台上，角色個性鮮明，表現自己的命運。它們經受風霜雪雨的淋漓和一年四季的變化，大自然是檢驗真理的唯一標準。溫度、濕度、泥土的質量，對樹的影響深刻，在樹的身上不可能有一絲的虛偽，真實是生存的基礎。在大自然中才能自由快樂，人是行走的樹。

這不是一般的風光，樹的根須依偎泥土。未經園工手中剪刀的修理，只有風刀雨剪修整病枝，順其自然地生長。日出日落，枝頭棲落的鳥兒，對著遠方鳴叫。

大自然有情感的世界，有自己的道德標準，不論四季怎樣變化，都堅定地保持著自己的個性。它是人類要找的神話，一棵樹，一座山

峰，一簇野草，一條溪水，自然界的萬物構成一部史詩。

蘇東坡可以說是個陶詩迷，他喜歡「歸去」一類的詞，這類詞在其作品中多次出現。蘇軾鍾愛陶淵明，甚為喜愛《歸去來兮辭》，他當年手書流傳至今。蘇軾說：「吾於詩人，無所甚好，獨好淵明之詩。淵明作詩不多，然其詩質而實綺，癯而實腴，自曹劉鮑謝李杜諸人，皆莫及也。」[7]

蘇軾貶居在惠州時，蘇轍被貶到高安，各有一個兒子跟在身邊。另有兩個兒子分別在許昌和宜興，父子間隔千山萬水，人海兩茫茫。孩子們都沒有蘇軾的任何消息，不知情況怎麼樣，心中充滿掛念和憂愁。蘇州定惠院學佛者卓契順，和蘇邁交談中說：「子何憂之甚，惠州不在天上，行即到耳，當為子將書問之。」 紹聖三年三月二日，卓契順不辭辛苦，翻山越嶺，渡江跨河，

風餐露宿。在漫長的旅途中，他曾經累得身體僵硬無力，而倒在瘴氣中。卓契順一路風塵，弄得蓬頭垢面，雙腳結滿血泡，終於來到惠州。他找到蘇軾沒有說幾句話，拿到他寫的家書就要往回趕。

蘇軾覺得良心過不去，便問他有什麼要求，卓契順回答說：「契順惟無所求而後來惠州；若有所求，當走都下矣。」蘇軾聽後，想到這麼遠的路程，卓契順就是為了幫助捎一封家書，經過再三相問，卓契順說道：「昔蔡明遠鄱陽一校耳，顏魯公絕糧江淮之間，明遠載米以周之。魯公憐其意，遺以尺書，天下至今知有明遠也。今契順雖無

7　[宋] 蘇軾著：《與蘇轍書》，引自《東坡續集》卷一。

米與公，然區區萬里之勤，儻可以援明遠例，得數字乎？」蘇軾一聽，很高興地答應了他。只是覺得慚愧，無論是名節還是字畫，他都不及魯公的成就，於是抄寫陶淵明的《歸去來兮辭》，送給卓契順作為報答的禮物。

晉安帝義熙元年（公元 405 年），四十一歲的陶淵明在彭澤做官，不過八十多天，便聲稱不願「為五斗米折腰」，解甲歸田，回到他成長的大山大水間，從此告別仕途。第二年的春天，陶淵明作詩五首，描繪田園風光的淳樸，卸下重負，摘下虛假的面具，抒發歸隱後的心情。「少無適俗韻，性本愛丘山。」陶淵明開篇寫道，從小不懂如何適應世俗的社會，巧妙的應酬，更不會鑽營取巧的本事。山水塑造的性格容不得汙染，真誠與自然是一個家族，流淌在一管血脈中。有一年，唐代詩人白居易拜訪陶淵明的故居，寫了一首《訪陶公舊宅詩序》。他在序中說：「余夙慕陶淵明為人，往歲渭川閒居，嘗有仿陶體詩十六首，今遊廬山，經柴桑故里，思其人，訪其宅，不能默默，又題詩云。」他在詩中說出當時的心情，此時才知道陶淵明文思高妙的原因。陶淵明少年時曾懷抱壯志，做一番事業，和祖先一樣建功立業，榮光耀祖，他不能為了做官喪失人格。他邁進官場，如同走進垃圾場，做人的個性消失，一味奉承上司。南朝文學批評家鍾嶸指出：「古今隱逸詩人之宗也。」[8]做官不能保守節義，他為了保持人格，摘掉頭上芝麻大小的官帽，回歸田園過自由的生活。

8　　[梁] 鍾嶸著：《詩品譯註》，第 66 頁，北京：中華書局，2016 年版。

淵明一世的生活，真算得最單調的了。老實說，他不過廬山底下一位赤貧的農民，耕田便是他唯一的事業。他這種生活，雖是從少年已定下志趣，但中間也還經過一兩回波折。因為他實在窮得可憐，所以也會轉念頭想做官混飯吃。但這種勾當和他那「不屑不潔」的脾氣，到底不能相容。他精神上很經過一番交戰，結果覺得做官混飯吃的苦痛，比挨餓的苦痛還厲害，他才決然棄彼取此。有名的《歸去來兮辭》序，便是這段事實和這番心理的自白。

　　這篇小文，雖極簡單極平淡，卻是淵明全人格最忠實的表現。蘇東坡批評他道：「欲仕則仕，不以求之為嫌；欲隱則隱，不以去之為高。」這話對極了。古今名士，多半眼巴巴盯著富貴利祿，卻扭扭捏捏說不願意幹。《論語》說的「舍曰欲之，而必為之辭」，這種醜態最為可厭。再者，丟了官不做，也不算什麼稀奇的事，被那些名士自己標榜起來，說如何如何的清高，實在適形其鄙。兩千年來文學的價值，被這類人的鬼話糟蹋盡了。淵明這篇文，把他求官棄官的事實始末和動機赤裸裸照寫出來，一毫掩飾也沒有。這樣的人，才是「真人」，這樣的文藝才是「真文藝」。後人硬要說他什麼「忠愛」，什麼「見幾」，什麼「有托而逃」，卻把妙文變成「司空城旦書」了。

　　乙巳年之棄官歸田，確是淵明全生涯中之一個大轉折。從前他的生活還在飄搖不定中，到這會才算定了。但這個「定」字，實屬不易，他是經過一番精神生活的大奮鬥才換得來。[9]

9　梁啟超著：《陶淵明之文藝及其品格》，商務印書館，1923 年排印本。引自北京大學北京師範大學中文系、北京大學中文系文學史教研室編：《陶淵明資料彙編》，第 274—275 頁，北京：中華書局，2012 年版。

梁啟超說陶淵明「大奮鬥」，前面加上一個大字，簡單的筆畫，分量卻是那麼重。用「真人」讚美這個隱逸的詩人，真是本質，它如同清水一般，融化在大自然中，遠離塵世的汙染。這樣的評價，不是每個人都能得到的，是精神的高度境界。他的作品，不可能迎合當時的潮流，成為著名的作品。

四

陶淵明年過四十，生命在向老年逼近。這個年齡做出的決定，絕不是年輕人的衝動。在五柳樹下生活，觀望枝頭上的鳥兒。看到雨後的水珠，從柳葉上滾動，滴落下來。正是金色的秋天，落葉在風中，一枚枚地墜落。四十多歲，黃金一般的年齡，有很多的事情要做。陶淵明比別人經歷的多，少年時喪父，中年時妻子去世，後來母親和妹妹病逝。這些巨大的打擊，把他逼到人生的懸崖邊上。生命是短暫的，為什麼做不開心的事，在官場上身不由己，頭都不敢抬起，胸膛挺得不直，心靈在煎熬。現在就好了，坐在門前的柳樹下，豆棚菜圃，陽光和煦，泡一壺茶，讀一本喜歡的書，寫帶著泥土氣息的詩。不再穿那件拘束的官袍，戴上壓頂的官帽，讓風吹拂著頭髮，露珠滲進髮間，呼吸清新的空氣，這是何等的快樂。

陶淵明回到家鄉，藉著家鄉的水研墨，伴著清爽的秋風，他寫下著名的詩篇《歸去來兮辭》：

歸去來兮，田園將蕪胡不歸？既自以心為形役，奚惆悵而獨悲？悟已往之不諫，知來者之可追。實迷途其未遠，覺今是而昨非。舟遙遙以輕颺，風飄飄而吹衣。問征夫以前路，恨晨光之熹微。

乃瞻衡宇，載欣載奔。僮僕歡迎，稚子候門。三徑就荒，松菊猶存。攜幼入室，有酒盈樽。引壺觴以自酌，眄庭柯以怡顏。倚南窗以寄傲，審容膝之易安。園日涉以成趣，門雖設而常關。策扶老以流憩，時矯首而遐觀。雲無心以出岫，鳥倦飛而知還。景翳翳以將入，撫孤松而盤桓。

歸去來兮，請息交以絕游。世與我而相違，復駕言兮焉求？悅親戚之情話，樂琴書以消憂。農人告余以春及，將有事於西疇。或命巾車，或棹孤舟。既窈窕以尋壑，亦崎嶇而經丘。木欣欣以向榮，泉涓涓而始流。善萬物之得時，感吾生之行休。

已矣乎！寓形宇內，能復幾時。曷不委心任去留？胡為乎遑遑欲何之？富貴非吾願，帝鄉不可期。懷良辰以孤往，或植杖而耘耔。登東皋以舒嘯，臨清流而賦詩。聊乘化以歸盡，樂夫天命復奚疑！

在《歸去來兮辭》序言當中，陶淵明說家中貧窮，沒有大塊的土地，種田不能自給自足。一群孩子正在成長，缸裡的米很少存滿，沒有什麼好辦法來解決困苦的生活。親友們都勸他做官，他思慮再三。在這個節骨眼上，以愛惜人才為美德的本家叔父充滿同情心，看到他家境貧苦的現狀，力薦他到小縣做官。

社會動盪不安，如果到了外鄉，舉目無親，真是懼怕到異鄉當官。但彭澤縣離家不算遠，一百里的路程來往方便。公田裡收獲的糧

食也足夠釀酒喝，這是一次難得的機會，他便答應去那裡。雖然離家不遠，但待了不長的日子，思念老家的情感一天天強烈起來。說不清什麼原因，人的本性壓制不住。貧窮很可怕，餓肚子無法忍受，但違心做官，會讓身心感到痛苦萬狀。原來出去當官都是為了碗飯而勉強自己，有時想起感慨萬千，覺得對不起從小樹立的遠大志向。本想堅持任職一年，然後帶上東西，不多待一天地連夜離去。一件意外的事情發生，妹妹在武昌去世，為奔喪，他請求免去官職。從立秋上任，在職共八十一天。

與阮籍一樣，陶潛採取的是一種政治性的退避。但只有他，才真正做到了這種退避，寧願歸耕田園，蔑視功名利祿。「寧固窮以濟意，不委屈而累己。既軒冕之非榮，豈組袍之為恥。誠謬會以取拙，且欣然而歸止。」不是外在的軒冕榮華、功名學問，而是內在的人格和不委屈以累己的生活，才是正確的人生道路。所以只有他，算是找到了生活快樂和心靈慰安的較為現實的途徑。無論人生感嘆或政治憂傷，都在對自然和對農居生活的質樸的愛戀中得到了安息。陶潛在田園勞動中找到了歸宿和寄託。他把自《十九首》以來的人的覺醒提到了一個遠遠超出同時代人的高度，提到了尋求一種更深沉的人生態度和精神境界的高度。[10]

這是一聲呼喊，回老家去吧，田園都快荒蕪掉。為什麼不聽從心靈的聲音。過去的錯誤不可能挽救，只有在未來彌補過失。

10　李澤厚著：《美學三書》，第 96 頁，天津：天津社會科學出版社，2003 年版。

離彭澤縣越來越遠，鞋上沾滿塵土，身體充滿動力，因為走在回家的途中。這條熟悉的路上，一切沒有什麼變化，只有季節和來時不同。拐過前面的路口，看到簡陋的家門，陶淵明孩子一般高興地向前跑去，忘記不久前的身分。

　　家中的人看到他回來，歡快地出來迎接，小兒守候在門前，他個子長高一大截。離開家一段時間，他感覺那麼新鮮，空氣似乎都不一樣，心情變得暢快起來。院裡小路的兩邊長滿青草，松樹和菊花沒有變化，他牽著孩子的手走進屋裡。聞到菜香味，壺中的酒盛滿，漫出的酒香撲進鼻子，端起酒壺給自己倒一杯酒，自斟自飲。溫暖感染在外漂泊的心，看著院中的五棵柳樹，他默默地向祖先們問候，報導自己回來。

　　站在南窗前，望著外面的田園風光，野山野水寄託情感，這片天地使心安靜。每天在院中活動，即使坐在樹下，聽徐徐的風聲，聽鳥兒鳴叫，聽樹葉的響動，也具有無窮的興味。

　　院子不大，這裡走走，又到那兒瞧瞧，眺望山頭飄浮的白雲，小鳥疾飛回巢。黃昏的光線暗淡，太陽即將落山，這樣的美景怎忍心離去，撫摸柳樹感受生命的律動。

　　回到家鄉，陶淵明和外面斷絕交往，因為他們的志趣不同。跟鄉間的人交流何等的快樂，彈一曲山野小調，它與山野間的水聲合奏。讀書讓人忘記所有的雜念，風在字裡行間流動。

　　「農人告余以春及，將有事於西疇。」到了明年開春，他就去西

邊開墾荒地，那塊土地是處女地，這段路程不近，必須坐上車，也可以坐船去，才能到。那是美好的季節，樹木發芽的氣息，使空氣中有樹的清香味。泉水的聲響，清脆富有韻律，大地上萬物復甦，閉上眼睛陶醉其中。

《歸去來兮辭》道出回歸的快樂，陶淵明的身心徹底解放。

第七章

草盛豆苗稀

一

公元 406 年，陶淵明的家從上京里搬回農村，即「歸園田居」，也就是說回到園田中的住處去。夜晚黃昏時分，天色黯淡下來，陶淵明站在庭院的樹下，望著天空的歸鳥，許久未離開。這個時刻是歸隱田園的狀態，家不僅是那幾間茅草屋，院中的樹木交蔭，鳥兒的鳴叫聲，曠野吹來的風。在故鄉的大地與天空，遠離俗世的侵擾，放曠於大自然中寫下《歸鳥》：

翼翼歸鳥，晨去於林。
遠之八表，近憩雲岑。
和風不洽，翻翮求心。
顧儔相鳴，景庇清陰。

翼翼歸鳥，載翔載飛。
雖不懷遊，見林情依。
遇雲頡頏，相鳴而歸。
遐路誠悠，性愛無遺。

翼翼歸鳥，相林徘徊。
豈思天路，欣及舊棲。
雖無昔侶，眾聲每諧。
日夕氣清，悠然其懷。

翼翼歸鳥，戢羽寒條。
遊不曠林，宿則森標。
晨風清興，好音時交。
矰繳奚施？已卷安勞？

黃昏如同調色盤，各種色彩在天際擠兌，渲染鮮明的個性。田園生活
那麼美，讓人感動得不知如何描寫，找不到恰當的形容詞。清晨的時
候，鳥兒離開森林的家，有的棲在山峰上。遇不好的天氣，陰雲蔽
日，狂風驟起，路途出現危險，鳥兒相互鼓勵，飛回牠們的巢穴。

　　在大自然中萬物平等，經過狂風暴雨後，是天晴氣爽的日子，鳥
兒歡快地對唱，棲落在茂密的枝葉間，享受清新的綠蔭。每一隻鳥兒
都有家，都有一顆歸隱的心。無論歸途多麼遙遠，鳥兒們終會抵達。
外面的世界很精彩，有許多新奇的東西，但都打消不掉對過去林間的
依戀。有一天的黃昏，陶淵明看到鳥兒，想到自己如同歸鳥兒。少了
與人打交道的煩惱，聽著鳥語，夜降臨時棲在樹枝的窩裡，頭枕森林
入睡。第二天的清晨，晨風吹拂，揮淨夜殘存的慵懶，樹葉響動的問
候，鳥兒將他從夢中喚醒。

　　陶淵明的「人格」遠非穩定不變的建構，它在不同時期包含不同
的美德和理想：在早期，陶淵明主要代表的是一種有趣的人格；但
是後來卻轉變為一種道德典範與儒家聖人。如果我們想要進一步瞭解
這種令人驚異的形塑過程，我們需要檢驗一系列關鍵的詮解與借鑑，
且將它們回歸於各自的歷史背景之下。

關於陶淵明的生活，被談論最多的當屬他歸隱的選擇。就廣義上說，「隱」在傳統意義上被界定為「仕」的對立面。「隱」是兩條路徑之一。仕或隱是一般知識分子都必須面對的選擇。此種選擇可能迫於以下動機：政治異議、個人理想的追求、自我道德修持，或脫離仕途羈絆的渴望。對一個深受儒家道德薰陶的知識分子而言，這並非一個容易做出的決定。歸隱意味著同時放棄了兼善天下之理想、社會地位及一份穩定的官俸。然而，即使對於那些不選擇這條人生「歧路」的知識分子而言，隱逸永遠是一條充滿吸引力的仄徑，這也是仕途必須承擔的社會責任及個人妥協之外的另一種選擇。透過一系列文化行為：他們仍然能夠淺嚐隱逸的乾癮，參與其中建造鄉間別業、與隱士們交遊、以隱士口吻寫作詩篇，或文學性地抒發對歸隱之渴望。對於那些選擇與官場決裂及特別對於那些無法做此選擇的人們，陶淵明成為了文人隱士的典範。[1]

　　從今往後，陶淵明下定決心，不再踏入被設計好的圈套。人生不能一根筋，做什麼事要三思，量力而行。回歸不是逃避，這是積極的進取，對生命的承諾。年輕時的想法太多，總想出人頭地，給別人證明什麼，其實是虛榮心作怪。如今已到中年，經歷過大小事情，官場的沉浮，讓他悟透人生的真諦。只有在大自然中，人才能自由快樂，不會上當受騙。清貧的生活，不是任何人都能理解的，隱居就是讓自己孤獨起來，享受個人的精神世界。在別人的眼裡，這是受難者的形象，顯示已經被強者打敗。但在他看來，卻完全不是這樣，他寫的詩

---

1 [美] 田菱著：《閱讀陶淵明》，第 14—15 頁，台北：聯經出版事業股份有限公司，2014 年版。

歌不為功利，它是寫給心靈的，記錄情感的喜與憂。在大自然的簿子上，每一個字都是單純與深刻，流露出對生命的態度。

每天，陶淵明站在樹下，悠然自得地欣賞著一幅和諧畫面：成群的鳥兒在黃昏疾飛，歸向林間的巢穴。他感到自己已變作鳥兒，融入其間，尋找靈魂的家園。

陶淵明愛鳥兒，不是附庸風雅，把牠們當作寵物豢養。

大自然中沒有髒汙的東西，堆積的綠色似燃燒的火苗，點燃激情的大火。枝頭歌唱的鳥兒，給人美好的嚮往，清除心頭積壓的雜念。回到真實的本性，不需要虛假的應酬，敞開心胸變得清澈透明。

真有那麼一天，天空見不到飛鳥，聽不到牠們嘹喨的歌唱。大地上望不到森林，走在山間覓不見溪水，那麼，人類怕是走向了絕路。

「吳頭楚尾」有著悠久歷史之稱，在夏、商時期，它屬於荊、揚兩州的地域，到了春秋時歸入吳國的西境，楚國的東境。西漢時九江建縣，稱它為柴桑。公元前 201 年，漢高帝六年，車騎大將軍灌嬰在此鑿井築城戍守，稱灌嬰城。三國時屬東吳，隸武昌郡。秦始皇劃天下為三十六郡，就有九江郡。在這以後，九江又有柴桑、潯陽、汝南、溢城、德化等一系列古名稱，不管怎麼變化，它主要還是以九江、柴桑、潯陽、江州聞名於世。

陶淵明在風景秀美的地方生活，沒有世俗的雜亂。山間鳥兒往來飛翔，嬉戲於山林之間。他眼中的大自然，和那些穿官袍戴官帽的人眼中的大自然不可能一樣。鳥兒在林間雖時刻面臨危險，但牠們不會

因此退卻，依舊婉轉啼鳴，在天空中展翅飛舞。天色將晚，牠們與落霞齊飛，相伴風雲，不受任何的拘束。

陶淵明在清晨的風中聽著鳥兒歌唱，從歌唱中感受歡樂，他的內心有各種矛盾。《歸鳥》一詩中，鳥兒是一種象徵。「平津新寫作」的重要人物，朱自清的學生蕭望卿指出：

> 《歸鳥》是詩人自己的象徵。用「鳥」作比喻，也許受了《莊子·逍遙遊》的暗示，《莊子》裡乘風壯飛的大鵬和淵明放逸那方面的性格恰好相應，也正因為如此，所以他不忘俗世，而終能超世。《歸鳥》使我們聯想起屈原：《橘頌》是他少年時候理想的象徵，橘樹軒昂，獨立明媚的南國；《歸鳥》就是淵明的化身，幽姿俊影，獨往獨來。
>
> 《歸鳥》也許是受了《離騷》的暗示。它們有不少契合的地方：豈特佈局設境，就連措辭也太相近了。象徵的方法是從屈原才大量而且極圓熟地使用，以前不容易見到，其後用的人不多，因為採取這種手法，而聯想起屈原，是太自然不過的。淵明常回到古代尋找他的同調，由於性情和處境有共通之點，在「偄俛辭世」的時候，感到古代曾經籠在跟自己相似命運裡的人，因而聯想起他的作品，更是非常近情理。何況淵明的五言詩裡有屈原影響，四言詩也可尋出一些蹤跡？如果將《離騷》和《歸鳥》對比，淵明的性格與《歸鳥》的價值更可以看得清楚些。
>
> 《歸鳥》含有淵明博大的愛和同情，崇高的意志想使昏暗的世界有個好轉，他不斷地苦惱、奮鬥、掙扎，在對於當前景況深徹覺悟之

後，歸終走上養性全真的幽徑，而他對於這個世界是夷猶、躊躇、依戀，一步一回頭，《歸鳥》純粹運用象徵的方法。詩境那樣深遠，詩意那樣綿密，詩意那樣玄妙，在四言詩裡從前不會見，以後再沒有繼起。[2]

鳥兒不僅是故事的主角，傳達出的是象徵，抒發詩人的心路歷程。這個年齡不允許人再浪費時間，犯下年輕時犯過的錯誤。陶淵明放下一切，在政治上不可能有所作為，他難以適應官場的生活，心徹底冷凍。他服侍過幾伙人，那些人都未想過為百姓、為國家做多大的貢獻。有一句老話，天下烏鴉一般黑，官場上你爭我奪的人，都是篡權奪位的野心家。官府是大舞台，每天在上演鬧劇，官府的大門一開，如同序幕拉開，各種人在表演。搖唇鼓舌、明槍暗箭的交鋒，互相不動聲色的殘殺。

「危邦不入，亂邦不居。天下有道則見，無道則隱。邦有道，貧且賤焉，恥也；邦無道，富且貴焉，恥也。」陶淵明從小受儒家思想濡染，知道亂世時如參與一夥人的謀權篡政，就是與惡人同流合汙。逃離遠去，不是無能的表現，而是正確的選擇。走在大地的深處，他的眼睛裡充滿綠意，耳朵中都是萬物的和諧聲。「寂靜其實是一種聲音，也是許多、許多種聲音。」[3]陶淵明在大自然聲音的召喚下，自然不同於官場上。他穿行在小路上，兩邊的野草沾著晨露，掛在他的鞋上，清純的水珠讓他回想起過去的事情。

2　蕭望卿著：《陶淵明批評》，第51—52頁，北京：北京出版社，2016年版。
3　［美］戈登‧漢普頓、約翰‧葛洛斯曼著：《一平方英寸的寂靜》，第3頁，北京：商務印書館，2014年版。

陶淵明做出明智的決定，不願成為任何一方的犧牲品，他只是詩人，不適合搞政治。他的人生舞台在田園，那裡處處充滿「抱朴含真」的情味：喝山中流淌的溪水，自己耕田種地收穫糧食，任靈魂遊蕩在無邊的大地上，讓身心享受和風的吹拂。憑勞動過日子，生活艱苦無所謂，只要煩心的事情少，擁有自己追求的自由寧靜，便足夠。

陶淵明追求精神上的潔守，回歸田園以後，不再受官場的規章制度管束，不必要忍受煎熬。從此，他面臨重要的任務，就是讓家人過上好日子。提高生存的質量，這是嚴酷的現實。

陶淵明自彭澤辭官，是一個驚天動地的舉動，在不被俗人理解的情況下，他終於過上田園躬耕的生活，寫出諸多詩作。顏延之《陶征士誄》從旁人的角度記錄：

> 道不偶物，棄官從好。遂乃解體世紛，結志區外。定跡深棲，於是乎遠。灌畦鬻蔬，為供魚菽之祭；織絇緯蕭，以充糧粒之費。[4]

這種生活中，無官一身輕，可以不再操心做事，而是一心做堅守理想的人。在外人看來，陶淵明當上縣官，職務不算大，卻是個實權派。山高皇帝遠，地方長官有他的優勢，大手一揮，也是前呼後擁的氣派。但他只做了幾十天，竟然拍屁股走人，讓人們不理解。

陶淵明心中明白，只有從弟敬遠理解，他在《祭從弟敬遠文》中

4　[南北朝] 顏延之著：《陶征士誄》，《文選》卷五十八，《四部叢刊》影印宋刊本。引自北京大學中文系史教研室編：《陶淵明資料彙編》，第 1 頁，北京：中華書局，2012 年版。

說，雖一直過著清貧的生活，「勁氣侵襟袖，簞瓢謝屢設」。但想想顏回不害怕貧窮，最害怕的是精神喪失。陶淵明不是喜歡聽好話、愛慕虛榮、每天讓一群人簇擁、到處擺官架子的人。他是為了家庭生活得寬裕一些，才決定出門做官。另一方面也是想榮光耀祖，實現為國為民的遠大理想。一進一出，人的思想發生變化，在官場發現的真相，使得他不得不遠離險惡的仕途。

也許有人以為陶淵明是「逃跑主義者」，但事實上他絕對不是。他要逃避的僅是政治，而不是生活的本身。如果他是邏輯家的話，他或許早已出家做和尚，徹底地逃避人生了。可是陶淵明不願完全逃避人生，他是熱愛人生的。在他的眼中，他的妻兒太真實了，他的花園，那伸到他庭院裡的樹丫枝，他所撫摸的孤松，這許多都太可愛了，他僅是一個近情理的人，他不是邏輯家，所以他要周旋於周遭的景物之間。他就是這樣的愛好人生，由種種積極的、合理的人生態度，去獲得他所特有的能產生和諧的那種感覺。這種生之和諧便產生了中國最偉大的詩歌。他為塵世所生，而又屬於塵世，所以他的評論不是逃避人生，而是「懷良辰以孤往，或植杖而耕耔」。陶淵明僅是回到他的田園和他的家庭裡去。所以，結果是和諧，不是叛逆。[5]

祖先的事蹟是精神上的支柱和強大的信念。陶淵明為自己幾進幾出官場感到慚愧，他覺得應該為國家做點貢獻，但又無能為力。最好的出路是拯救自己，安於貧窮，回歸田園生活，堅守精神的聖地。

5　林語堂著：《生活的藝術》，第 116—117 頁，北京：中國戲劇出版社，1991 年版。

大詩人蘇東坡說陶淵明：「大率才高意遠，則所寓得其妙，造語精到之至，遂能如此。似大匠運斤，不見斧鑿之痕。」詩是一個宣言書，它真實地表達了作者對時代的深刻反思。

二

茂密的樹木，幾間簡陋的茅草房，門前的五柳樹。一條小路向遠方延伸，兩邊的野草，不時有一兩朵花兒出現。在鄉間，這些都是平常的事物，沒有什麼新鮮，但它們在陶淵明的筆下，卻勾畫出恬靜的圖畫。田園以其天然美，呈現在面前，讓人心動嚮往。

泥土和茅草這些來自大地的材料，經過匠人的手，搭建成房屋，雖然不是堂皇宏麗，陽光卻使裡面無比溫馨。榆樹和柳樹生長茂密，它們的枝葉扶疏，形成一片綠蔭。堂前的桃花和李花，開得芬芳奪目，素淡與絢麗交織。

一座農家小院，茅舍隱藏在樹木中，屋裡人的說話聲，乘著樹木的清香飄了過來。田園的生活充滿人情味，令人心曠神怡。陶淵明皈依山林，流露著對美好生活的嚮往。他在《歸園田居》其二中，描寫與鄰里的友好關係：

野外罕人事，窮巷寡輪鞅。
白日掩荊扉，虛室絕塵想。
時復墟曲中，披草共來往。
相見無雜言，但道桑麻長。

桑麻日已長，我土日已廣。

常恐霜霰至，零落同草莽。

躬耕帶來心情的愉悅，陶淵明享受親情的溫暖和朋友的友情。他所追求的不是仙鄉，而是現實的人間樂園。

穿著粗布衣裳，有繭的雙手倒背身後，經常去鄰居家串門，和他們交流田間勞動的事情，談生活瑣碎的事情。同在一個地方生活，有的是幾十年的老鄰，如今和親人一樣親近，與他們在一起，不必擔心說錯話，人與人之間和睦平等。在這樣的環境下，鄉親之間有共同的語言，還有樸素真摯的感情。陶淵明是敏感的人，目睹了太多官場的陰暗，回到鄉間和這些親人在一起，不需要偽裝，可以盡享世間最相稱的溫情：

種豆南山下，草盛豆苗稀。

晨興理荒穢，帶月荷鋤歸。

道狹草木長，夕露沾我衣。

衣沾不足惜，但使願無違。

在南山下種豆子，草茂盛起來，豆苗變得稀疏，淹沒在草叢中。外面跑的時間長，久不握鋤桿，對管理的莊稼有些生疏。「草盛豆苗稀」，一行幾個字，卻勾勒出了陶淵明不懂耕作，豆苗長得稀稀拉拉，田間無人管理，霸道的野草侵占莊稼的地盤的畫面。面對此，陶淵明只能扛起鋤頭拋棄所有的雜念，除淨野草。

陶淵明是讀書人，並非種莊稼的好手，疏於田園管理，雜草比豆苗長得還高。他多出力氣，不辭辛苦地開荒，就是為了讓一家人的生活質量能夠提高。一個人從早到晚在地裡幹活，聞著泥土的氣息，累了坐在樹下，背倚著樹幹休息，緩解一下疲勞。開墾荒蕪的土地，是個苦活累活，長滿野草的土地，呈現原始的蠻荒狀態。野草的根莖在土地裡扎根交錯，他用一把鋤頭，一把鐮刀，開拓出種莊稼的田地。他通過「帶月荷鋤歸」書寫出苦難的生活，開荒的苦果這種農民最普遍的生活情景。清淡的月光下，他勞累一天了，終於可以收工，扛起鋤頭，沿著一條小路，披掛著疲憊向家中走去。

晉人酷愛自己精神的自由，才能推己及物，有這意義偉大的動作。這種精神上的真自由、真解放，才能把我們的胸襟像一朵花似的展開，接受宇宙和人生的全景，瞭解它的意義，體會它的深沉的境地。[6]

陶淵明經歷了許多，走到中年的時候，對生命有了不一般的理解。回味人生的意義究竟為何，他的感受變得深沉。

陶淵明的心很平靜，他細緻地觀察大自然，思考人與自然的關係。他很多的文字，不是胡思亂想寫出來的，是嗅著草的清香用感知的心靈寫出來的。陽光和樹影，草地和野花，歌唱的鳥兒，徐徐的風聲和流淌的溪水聲，是他真心的朋友，是他詩裡的主要對象。他調動身心，享受自然中的快樂，抒發對自然的熱愛。只有在自然裡，他的

6　宗白華著：《我和藝術》，第58—59頁，武漢：長江文藝出版社，2007年版。

生命才能徹底放鬆下來，對任何事物不再存有戒心，才能用身體的通感體驗自然，並傳達給心靈。

夜晚降下的露珠，讓青草感受涼意，沾濕他的衣襟。陶淵明在艱苦奮鬥，身體的苦不算什麼，只要精神上是快樂的，只要心靈不再受屈辱。

三

晉安帝義熙四年（公元 408 年），陶淵明辭官歸田的第四年。六月的一場大火，燒燬了家中的房子，使他陷入困窘的境地。《戊申歲六月中遇火》就寫出火災前後的心情，每一個字真切、自然不修飾。

火災對於家庭是毀滅性的打擊，使陶淵明幾乎陷入絕望之中。但他並沒有消沉，仍以平實的生活態度面對現實，堅定躬耕的決心。

> 草廬寄窮巷，甘以辭華軒。
> 正夏長風急，林室頓燒燔。
> 一宅無遺宇，舫舟蔭門前。
> 迢迢新秋夕，亭亭月將圓。
> 果菜始復生，驚鳥尚未還。
> 中宵佇遙念，一盼周九天。
> 總髮抱孤介，奄出四十年。
> 形跡憑化往，靈府長獨閒。
> 貞剛自有質，玉石乃非堅。

仰想東戶時，餘糧宿中田。

鼓腹無所思，朝起暮歸眠。

既已不遇茲，且遂灌我園。

初夏時節，天氣逐漸炎熱起來，莊稼瘋狂地生長。隨著季節的變化，人的情緒也隨之改變。陶淵明努力地勞動，但突如其來的一場大火，毀滅了所有。

火焰舔噬屋頂的茅草，形成一片火海，木房梁和門窗在火的圍攻下燃燒起來。爆裂聲，折斷聲，塌落聲，在大火的背景上，奏出災難的交響樂。

陶淵明和家人不斷地用盆往火上澆水，想撲滅熊熊烈火。在突來的災難面前，大家慌亂起來，不知該如何應對，場面一度失控。只有陶淵明感覺不到危險，他奮力衝進屋子裡搶救物品，他只有一個念頭，搶出來多少是多少。幾次衝進火海中，穿越煙火搬運東西，他只想把損失降到最低。最後從火屋中跑出來，煙嗆得他直咳嗽，臉烙上了一道道的煙灰。

六月不是雨季，草木乾燥，一遇火容易蔓延。轉眼間，一家人安居的屋子，燒得七零八落，滿眼儘是災禍後凋敝的情景。空氣中瀰漫著煙火氣，溫暖的茅屋瞬間化為灰燼。陶淵明坐在窗口向外觀望，特別是雨天，注視經受風雨的樹木，田裡的莊稼，天空看不見飛鳥。這一切化作記憶，沒有了家，就像無根的浮萍找不到安全感。

大火雖毀滅了一切，幸運的是在不遠處的小河，有一條船拴在岸

邊的樹上，一家人選擇待在上面度過漫漫長夜。

風吹拂水面，船在輕輕晃動，頭枕著水聲，難以入睡。岸邊的蛙鳴聲一排排地奔來，蟲鳴吹奏夜的頌歌。此時的家人，帶著白天的驚嚇和疲憊，在輕搖的船上進入夢中。陶淵明毫無睡意，望著一輪新月，清淡的光輝灑滿大地，他的心情久久不能平靜，想到人生的經歷，淒涼浸入心中。他抬起頭仰望，月光落在凝重的臉上。

陶淵明想到自己已經四十四歲，年輕時有過「修身、齊家、治國、平天下」的理想，也是人生的追求目標。辭官後的一段時間，他覺得對不起祖先，有一些愧疚。現在家都沒有了，談什麼人生的大志，又覺得放棄是正確的。

傳說中的古代帝王東戶季子時，那時民風淳樸，糧食多得吃不完，就隨便放在地方，如果需要就順手取回，無人偷盜。人們過著無憂無慮的生活，安居樂業。陶淵明嚮往那樣的時代，在他絕望的時候，想到這些美好的事情，便成為前進的動力，鼓勵他重新生活。

四

豐衣足食不能憑空想，要靠雙手的勞動。陶淵明兩年後寫的《庚戌歲九月中於西田獲早稻》表達了他淡泊的心境和勞動的快樂：

人生歸有道，衣食固其端。
孰是都不營，而以求自安？

開春理常業，歲功聊可觀。

晨出肆微勤，日入負耒還。

山中饒霜露，風氣亦先寒。

田家豈不苦？弗獲辭此難！

四體誠乃疲，庶無異患干。

盥濯息簷下，斗酒散襟顏。

遙遙沮溺心，千載乃相關。

但願長如此，躬耕非所嘆。

晉安帝義熙六年（公元 410 年），九月是收穫的季節，大地一派喜慶的樣子。陶淵明幾年來，吃著粗茶淡飯，從春天到秋天在田地中勞作。

人吃不飽肚子，沒有衣服穿，缺少安居的住處，還談什麼信仰？田園是陶淵明生存之本，面朝黃土背朝天，在土地上刨食，這種生存方式是他自己的選擇。

一年之計在於春。作為勞動者，開春時不能懶惰，錯過季節就耽誤一年。人們辛苦地勞作，期盼風調雨順，這樣秋天收穫的時候，一定有好的回報。把金色的稻穀收割後運回家中，親歷豐收的光景，是最讓人喜慶的一件事情。陶淵明總是起得很早，到田裡進行勞作。如果每天穿官袍，打著官腔，一年四季躲藏在官府中，是不會經歷勞作的辛苦。清晨起來，頂著新升的陽光，在田地裡勞作；黃昏背對落日，迎著晚霞的餘暉，肩頭的農具沾滿泥土的氣息。不可能憑想像能在紙上寫下田園的詩章。陶淵明是人生的體驗派，感受「山中饒霜

露，風氣亦先寒」，所以他同情農民的艱苦。山裡的風霜大，傳播冬天到來的信息。他不禁慨嘆，農民們過艱苦的生活，每天從事沉重的勞動，卻無法擺脫命運的疾苦。詩人的寫作，不完全是憑藉靈感，不經受生活的磨煉，要弄文字遊戲，無法寫出感人的詩句。

田裡勞動一天，落日懸在西邊的天際，陶淵明拖著疲憊的身軀，看到裊裊炊煙的溫暖。家中不僅有飯菜的香味，也有親人的關切話語。洗去臉上的汗漬，揮去身上的泥土，解開衣釦，敞開自己的襟懷。坐在桌前，倒上一杯酒，喝上一口，美酒在身體中流動。如此快樂，一天的勞累頓消，真是神仙過的日子。酒是陶淵明的靈魂。對於陶淵明來說，一日可無飯，但不能沒有酒相伴。文學心理學家魯樞元指出：「換一句話說，酒，也是陶淵明由有入無、由白入黑、由紛擾世事進入澄明之境的通道。」[7]大地生長的糧食，釀製出的酒，是陶淵明返璞歸真的一條道路。喝酒可以呈現生命自由的狀態，沒有虛情假意，盡情釋放自我。他想到先師孔子，想起歸隱的長沮、桀溺，對比之下，過去要是想這些東西，會感到無比的慚愧，但自從彭澤辭官，他的政治態度明朗化，思想進入成熟期。

陶淵明生活的背景是古老的農業文明，自然界沒有遭受過汙染，較少受人類打擾，恬靜中有悠然的高遠。雖然他生活艱苦貧困，但追求人生的目標，為理想而堅守一生的信念卻始終不悔。

7　魯樞元著：《陶淵明的幽靈》，第 80 頁，上海：上海文藝出版社，2012 年版。

五

公元 408 年,農曆四月。初夏的一天,這個季節冷熱適中,野草歡快地成長,樹枝上的葉子茂密,鳥兒躲藏在裡面鳴叫。清晨的陽光灑在窗前,向外眺望,滿眼的綠色,陶淵明有了衝動。

忙完春,風挾泥土的氣息奔來,有大段的時間讀書,「既耕亦已種,時還讀我書」。這才是他喜愛的狀態,佈滿老繭的手有些粗糙,每一次坐下來讀書,都要用清水洗淨,翻開書的愉悅心情令他陶醉。

歸隱的生活很寂寞,尤其住在偏僻的地方,交通不便利,來往的客人少。清靜是福利,不需要陪人說話,無畏浪費時間。身體放鬆下來,讀喜愛的書,這才是理想的生活。

如果讀書累了,便去園子裡摘幾棵青菜,溫好一壺新釀的美酒,陽光將自己的身影投在地上。他喝影子喝,他動影子動,酒壺、影子和他,此時成為三個好朋友。

細雨從東邊吹來,雨聲挾著濕潤的風,陶淵明翻動著面前的書。這幾日他在讀東晉著名學者、文學家、訓詁學家、道學術數大師和遊仙詩的祖師郭璞的著作。郭璞作注的插圖本《山海經》,另有周穆王故事的《穆天子傳》,以圖敘事,尤其引人入勝。

陶淵明半耕半讀,讀書是一門重要的功課,從古看今,思索很多的問題,他說過「得知千載上,正賴古人書」。所謂「異書」是指《山海經》之類,他被書中的文字迷戀,情感隨著圖解,飛翔在另一個世

界中。從上古流傳下來的故事，四鄉八里的傳說，和近古以來好博覽異者所寫的各種書中，接觸到神仙奇異的事物。其中有一本先秦古籍，是記載山川奇物、神話傳說的地理學著作《山海經》，它不單是神話，而且是關於遠古的地理書，包括海外的山川鳥獸。這樣的書需要慢讀，不急不躁，品咂每一個故事。

孟夏草木長，繞屋樹扶疏。
眾鳥欣有託，吾亦愛吾廬。
既耕亦已種，時還讀我書。
窮巷隔深轍，頗回故人車。
歡言酌春酒，摘我園中蔬。
微雨從東來，好風與之俱。
泛覽《周王傳》，流觀《山海圖》。
俯仰終宇宙，不樂復何如？

陶淵明辭去彭澤縣令，歸隱田園以後，是他創作上的旺盛期。他除了寫出《歸園田居》五首作品，又創作了《讀〈山海經〉》十三首。

陶淵明少年時，就不像同齡人那樣，讀書毫無章法，缺少真正的目標。他對讀書有理性的選擇。對旁門左道的雜書，不是經典的神仙怪異的文章瞧不起，根本懶得讀。

他長到七八歲時，已經讀過許多書，對人生，對生與死有了特殊的感受。這個年紀思想不成熟，情感極其脆弱。有一天死亡闖進意識中，他有了說不出的懼怕。夜晚充滿祕密，蟲鳴聲，夜鳥兒的啼叫

聲，風吹樹葉的喧響，交織在一起，夜的黑暗擁向床幔。他驚恐地蜷曲身體抱緊被子，睜著眼睛，跌落夜的深處。有時聽大人們閒聊，說什麼鬼呀怪呀，長生不老的人，煉丹成仙的人。年紀一天天長大，書讀得多起來，思想逐漸成熟，少年的恐怖變成回憶。對於人們口耳相傳的仙人是真是假，陶淵明不斷言，他不相信長生求仙的東西，因為人總有一死，不捅自滅的煉丹求仙「謊言」，終究會大白於天下。

初夏的一天，風中的泥土氣息，猶如一隻蟲子不經意鑽了過來，陶淵明忍不住打個噴嚏。展開在眼前的這兩本書《穆天子傳》《山海經》，書中的一幅幅圖突然活起來，如真的一般游動。少年對於神仙的幻想一串串地冒出，現實和夢幻分辨不清。尤其是一段時間讀書多，詩興正濃，出現這麼多的寫詩的材料，不可能浪費掉，讓靈感瞬間消失。陶淵明充分發揮詩人的想像，對系列神話進行再創造。

陶淵明借古喻己，他的《山海經》打上自己的標籤，與原作中的反映不相同。神仙的境界，既有神奇瑰麗的一面，又是明朗寧靜。他彷彿喝上一杯原漿酒，從中提出一種元素，燃燒對生命的暢想。他把詩的火種播撒歷史中，在文字上飛翔。法國哲學家加斯東·巴什拉指出：「一句好詩馬上成為助燃的成分、幸福之軸、光彩奪目的大道，筆直、精細、理性的方向直指勇敢。」[8]長詩是陶淵明精神發展縱深，逐步轉向理性的成熟。他對生命的體驗，有了不一樣的看法。年齡的增長，思考的問題發生變化，《讀〈山海經〉》表達對長生的幻想：

8　[法]加斯東·巴什拉著：《夢想的權利》，第 194 頁，上海：華東師範大學出版社，2013 年版。

自古皆有沒，何人得靈長？

不死復不老，萬歲如平常。

赤泉給我飲，員丘足我糧。

方與三辰游，壽考豈渠央。

陶淵明不會因感情衝動而改變思想，他冷靜地面對幻想，沒有喪失理性的追隨神仙，整天沉迷求保佑。這些事情和逃出官場一樣，他認為不能實現，遊仙對於他是一個夢，美好一點說，是夏日晒太陽睡著時竄出的白日夢。

儒家的立善求名，道教的煉丹，緣於對有限生命的珍視。為自我的生死問題所困住，人生便不得自由。陶淵明是詩人，詩人多情感，思想極其敏銳。「道教企盼羽化登仙長生不老，來抗拒和迴避有限生命的虛無。」這個季節耕種完成，離收穫尚早。正值農閒時，陶淵明每天喝酒，有時間可以讀書。他讀到《山海經》，從中看到圖畫，也真也幻的故事，詩意在情感的槌擊下，撞出豪俠的風範。

夸父誕宏志，乃與日競走。

俱至虞淵下，似若無勝負。

神力既殊妙，傾河焉足有。

餘跡寄鄧林，功竟在身後。

讀書不是功名利益的一塊敲門磚，它是生命的享受。他經營美妙的讀書環境，綠蔭中的茅草屋，小鳥在歡唱，當然最適宜的，是看一本好

書，並與古人一起神遊。

《山海經・海外北經》詩云 ：「夸父與日逐走。入日，渴，欲得飲。飲於河渭，河渭不足。北飲大澤，未至，道渴而死。棄其杖，化為鄧林。」[9]神話擺在陶淵明的面前，沒有囿於原話的解讀，他從中發現神話所表現出來的精神，生命的宏偉氣勢。他不是獵奇充滿神奇的幻想和想像，彌補現實的缺憾。他追求強調的是誇父的神奇力量，以及追求生命的非凡境界：

精衛銜微木，將以填滄海。
刑天舞干戚，猛志固常在。
同物既無慮，化去不復悔。
徒設在昔心，良晨詎可待？

精衛、刑天和夸父一樣，作一次生命的抗爭，這是豪邁的壯舉，不怕無法戰勝的強大對手。在反抗中，永遠堅定不移的鬥志，頑強不屈的叛逆和反抗精神。陶淵明從遊仙的幻想中走出來，他對這些反叛英雄的讚美，肯定是超倫理的，純粹從個體原則出發。他藉助精衛和刑天的行動，表達自己的悲憤。詩的情調與以往的作品大不相同，清純中多出一分豪放，不失托物寄興。陳橋生賞讀中指出：

關於這首詩的意義，曾引發魯迅與朱光潛的論爭。朱光潛傾心於陶淵明的超功利境界：「屈原阮籍李白杜甫都不免有些像金剛怒目，

---

9   袁柯校註：《山海經校注》，第 215 頁，北京：北京聯合出版公司，2014 年版。

忿忿不平的樣子，陶潛渾身是『靜穆』，所以他偉大。」（《說「曲終人不見，江上數峰青」——答夏丏尊先生》）在他看來，「靜穆」之所以偉大，正在於它是超越了「金剛怒目式」的社會主體性而表現出的境界，是當個體與現實保持一定距離時所呈現出的一種獨特的詩意氣質。德國藝術史家溫克爾曼《論百代藝術》曾說：「希臘傑作有一種普遍和主要的特點，這便是高貴的單純和靜穆的偉大。」溫克爾曼的說法，或許是朱光潛說法的理論淵源。陶淵明其人其詩的「靜穆」境界，無疑契合了朱光潛的超功利審美理念。

朱光潛的說法遭到魯迅批評：「除論客所佩服的『悠然見南山』之外，也還有『精衛銜微木，將以填滄海。刑天舞干戚，猛志固常在』之類的『金剛怒目』式，在證明著他並非整天整夜地飄飄然。」「歷來的偉大的作者，是沒有一個『渾身是靜穆』的。陶潛正因為並非『渾身是靜穆』，所以他偉大。」（《「題未定」草》）魯迅這種說法對當代人理解陶詩產生了很大影響。此後，精衛、刑天幾乎就成了復仇精神的象徵。然而細讀全詩，陶詩的重心似乎並不在於頌揚復仇精神，而在於對他們那種不屈卻又無望的抗爭精神的同情和悲憫。全詩最終還是表現為一種順應自然的思想。10

陶淵明創作讀《山海經》十三首穿越時空，行走在往古，周遊世界各地何等快樂，發現很多的神奇地方。「他本來就是大自然的一部分，精神上物我俱化，古今齊同，這是更深層的『俯仰終宇宙』之樂。」陶淵明回歸自然，從中得到慰藉和啟示，堅定人生的態度。詩

10　陳橋生著：《陶淵明》，第 127 頁，北京：五洲傳播出版社，2016 年版。

是自然的流出，不見人為的斧鑿痕。陶淵明從《山海經》中讀出仙風，讀出俠骨風範，這是他精神的豐富性。

第八章

親人與友情

一

　　陶淵明是性情中人，正因為如此，對親情和友情他看得比什麼都重要。公元 408 年，他四十四歲，歸隱潯陽所作的《和郭主簿二首》，詩的其一中寫道：

　　藹藹堂前林，中夏貯清陰。
　　凱風因時來，回飆開我襟。
　　息交遊閒業，臥起弄書琴。
　　園蔬有餘滋，舊穀猶儲今。
　　營己良有極，過足非所欽。
　　舂秫作美酒，酒熟吾自斟。
　　弱子戲我側，學語未成音。
　　此事真復樂，聊用忘華簪。
　　遙遙望白雲，懷古一何深。

屋子前的樹木茂密，酷熱的夏季，藏有一樹的清陰涼爽，讓家中的人享受。面對吹來的南風，撩開衣襟，感受風的涼意。每天和妻子兒子在一起生活，可愛的小兒子纏繞身邊。他的天真神態，咿呀的學語聲，逗得家人發笑。一幅安居樂業的畫面，不需要追求功名利祿，大富大貴，知足常樂。

　　陶淵明在日常的生活中，發現不平常的事情。他的詩句不是高瞻遠矚，以聖人的姿態教育別人，而是講述自己的親身感受，如敘家

常，不多一字。在平等的對話中，毫無矯揉造作，貯滿生活的氣息。父子親情的親密，更是表露出詩人返璞歸真的快樂。

陶淵明愛家，但絕不對孩子們過於溺愛。他是讀書人，明白道理，想創造優良的環境，讓孩子健康地成長，對他們的將來有所期望。「子不教，父之過。」對孩子們淘氣不聽話、不願意學習，他一點也不滿意，但他不是採取暴力的方法，或是嚴厲的批評；而是用另一種手段，以戲謔的方式批評他們。陶淵明《責子》中寫道：

> 白髮被兩鬢，肌膚不復實。
> 雖有五男兒，總不好紙筆。
> 阿舒已二八，懶惰故無匹。
> 阿宣行志學，而不愛文術。
> 雍端年十三，不識六與七。
> 通子垂九齡，但覓梨與栗。
> 天運苟如此，且進杯中物。

陶淵明五十一歲時，有一次喝醉以後，坐在柳樹下，聽著大地傳來的蟲鳴聲，微風吹來，使陶淵明有些清醒。他回顧前半生，想到自己一天天老去，想到兒子們的未來。他不想將個人的意志強加給他們，認為人生是孩子們自己的，他們該怎麼樣就怎樣。

責子，表面上教育子女，其實是寫給自己的。人生大起大落，平平淡淡，如何活都是一生。現實的殘酷，比文人編的故事真實。這個年齡什麼都看透，只有安慰自己，接受兒子們沒有大作為的事實。

少年時代，陶淵明牢記祖訓，飽讀詩書，胸中裝滿大志。長大以後，他帶著希望走進官場，又幾次離開官場，中間有多種原因。人到中年時，拋棄縣官的烏紗帽，選擇田園躬耕。

有時對水面映照，陶淵明發現白髮越來越多，生命不覺間走向遠方。應該享受晚年的時候，兒子是父親的感情寄託，也是父親的最大作品。想到這時，他覺得人生好失敗。

陶淵明一共有五個兒子：儼、俟，份、佚、佟。長子儼，十六歲，整天不願意做任何事，好吃懶做；次子俟「行志學」，即孔子的「吾十有五而志於學」，已經十五歲，卻不愛什麼文術，不喜歡讀書；老三份和老四佚是雙胞胎，長到十三歲，仍不能分清六和七；小兒子佟快到九歲，每天逛來蕩去，只知道找梨子和栗子。看著眼前的景象，陶淵明不時地發出一聲嘆息，「天運苟如此，且進杯中物」。陶淵明在酒中忘記煩惱，寫詩的激情。家庭中的雜事不宜想得過多，兒子們個個不爭氣，他不願多糾纏，更願意聽任命運擺佈。

所以，從表面看，《責子》雖然是一篇父親教育五子的文字，但對兒子們的頑劣，卻順其自然，頗有戲謔之意，紙上滲透更多的是陶淵明慈父的心腸。

人們對陶淵明好喝酒不理解，認為這種性格心理，是離開官場的後遺症。如果真正瞭解他，梳理人生的蹤跡，就不會輕易地下結論。

二

晉安帝義熙三年（公元 407 年）五月，陶淵明回憶同父異母的程氏妹，寫出《祭程氏妹文》這篇祭文。描述程氏妹的美好品德，追憶往日兄妹的友情，表達深切的哀思。

維晉義熙三年五月甲辰，程氏妹服制再周，淵明以少牢之奠。俯而酹之。嗚呼哀哉！

寒往暑來，日月浸疏，梁塵委積，庭草荒蕪。寥寥空室，哀哀遺孤。肴觴虛奠，人逝焉如！誰無兄弟，人亦同生，嗟我與爾，特百常情。慈妣早世，時尚孺嬰，我年二六，爾才九齡。爰從靡識，撫髫相成。咨爾令妹，有德有操。靖恭鮮言，聞善則樂。能正能和，惟友惟孝。行止中閨，可像可效。我聞為善，慶自己蹈，彼蒼何偏，而不斯報！昔在江陵，重罹天罰，兄弟索居，乖隔楚越。伊我與爾，百哀是切。黯黯高雲，蕭蕭冬月，白雪掩晨，長風悲節。感惟崩號，興言泣血。尋念平昔，觸事未遠，書疏猶存，遺孤滿眼。如何一往，終天不返！寂寂高堂，何時復踐。藐藐孤女，曷依曷恃？煢煢遊魂，誰主誰祀？奈何程妹，於此永已。死如有知，相見蒿裡。嗚呼哀哉！

時間流逝過去，屋梁掛上塵土，院子裡的花草榮發，又變得枯黃。留下的孩子失去母親，再也聽不到親人的話語聲。

從小他們就互相關照，她是最親愛的妹妹，是一個有操守的女人，她的美好品格不是「善良」二字就能概括的。長大後，他們聚少

離多，各自為生活奔波，但心是緊緊相連的。他們之間來往的書信成為美好的記憶，帶著她的體溫和情感。看到這些文字的時候，陶淵明不禁感覺到內心有悲情襲來。

三

親情是什麼都不能替代的，人生困難的時候，它是避風港。陶淵明歸隱田園，在家中有遠房的弟弟陶敬遠，他稱為從弟。陶敬遠有著良好的家教，他篤信道家思想，對待人平等溫和，平常說話嚴謹。他和陶淵明有共同的愛好，喜歡文學藝術，結交品質高潔的人做朋友。陶敬遠敬慕神仙，學習道家的修練方法，清晨背筐去山裡採藥，晚上回到家中，彈琴作樂。手指在弦上游動，撥出的音符，帶著山泉的清亮，風的野性，鳥兒的鳴叫。

陶淵明和弟弟陶敬遠，雖然是親族，但相處得比親哥們關係還好。他辭官歸隱，別人都不理解，但敬遠相信哥哥的選擇，支持他的行動。「斂策歸來，爾知我意。常願攜手，置彼眾議。」兩人一起聊天，或在田野散步，每當這時，他們忘掉所有的煩惱。然而，就是這樣一個心心相通的人，在三十歲就離開人世，陶淵明從此後也便失去了一個人生中的知己。四十七歲的陶淵明，在痛苦的悲傷中寫下《祭從弟敬遠文》的文章。

辛亥年八月十九日，這一天，堂弟敬遠就要安葬，他歸於大地，不需要再為什麼操心，永遠安息。葬完親人後，陶淵明內心無比痛楚，望著一堆黃土，知道他和摯愛的親人，從此將生活在兩個世界。

他擺上水果，倒上一杯酒為他送行。

　　堂弟敬遠是有節操的人，又有氣概。他從小知道孝順，懂得人間的友愛。他從少年起，做人做事隨和，不固執，不孤僻。有好事時，自己往後退一步，在錢物方面更是想別人，不計較得與失，愛憎分明，不應和世俗的潮流。他表情溫和，說話不大聲，但對是非的批評，言辭卻嚴格。他結識好朋友，愛好寫文章，還有琴棋。他喜歡神仙境界，那一切讓他充滿好奇的心。他不食煙火，拋起世俗事務，隱居在山林深處。淙淙作響的瀑布，森鬱昏暗的荒林，早上採摘仙藥，晚上研習素琴。這一切，都被陶淵明記錄在了他寫給弟弟的最後書信——《祭從弟敬遠文》當中。

　　在這篇祭文當中，陶淵明感嘆道，我們的父親是親如手足的兄弟，母親又是彼此的姨母。我們的人生經歷相似，很小就都失去父親。想起往昔的日子，每天在一起的快樂，生活固然清苦，冬天無粗布棉衣穿，夏天勉強度日。但我們以道義相勉勵，苦中作樂。生活中有很多的困難，忘記瑣事的糾纏，流浪不定不是問題，害怕的是辜負遠大的志願。

　　我依然回歸田園，只有你懂得我的心思，而不管世俗的議論。想起秋天收穫之時，我們一同前往田野去收割。兩隻船在水中行走，在江邊停留三夜，河邊夜宿時，燃起一堆火，我們兩人痛快地飲酒。月亮掛在天空，清輝灑落在水面，映出粼粼的波光。偶爾有一條魚受到誘惑，跳出水面，攪碎恬靜的月光。

　　初秋的日子，美好的季節，我們借酒交談，說到自然永存，人生

的脆弱。我沒有想到你竟在我之前離開這個世界。

選定這個清晨，送你遠行，回歸於大地的泥土中。你留下哭喊的幼兒，不會說話，叫一聲父親。活著人的心中難過，院子裡的樹木，枝頭上的鳥兒和平常一樣，只是少了你的身影。

四

一場大火，燒燬陶淵明的家，天降的災難，對他的生活打擊很大。公元 411 年，四十七歲的他做出重大決定，把家移居到南村，在那裡開始新的生活。

鄉村的生活，如同流淌的河水，從上游跑到下游。陶淵明換到新的環境，坐在南村的屋裡讀書和寫詩。清晨的霧散盡，鳥兒的叫聲擠進屋子裡，清脆的蟲鳴聲，在草叢中傳出。野草的氣息，攜帶著泥土味堆滿窗口，一縷陽光從天空灑落到院子裡。南村那麼靜，很少有外人打擾。陶淵明讀書累了便向窗外眺望，目光游蕩在大地上。

隱士看破紅塵，隱居於大地的深處，這不是逃避，過形式上的隱。需要徹底地放棄，達到物我兩忘的心境，排除嘈雜的干擾，自得其樂，才是心靈的昇華所在。仕而後隱的陶淵明，可以做到這些。

從北邊的村落搬至南村，除了一場火災造成的大禍，也有另一種原因，它的自然氣候好，有許多素心人。陶淵明與這些人為鄰相處，他們缺少壞人的黑心眼，大都葆有一顆善良和友愛的心。日常的交往中，不必要披上保護色，坦誠相待，內心時刻充滿溫暖。他曾經對友

人說，早有搬家的想法，不止一兩年。如今總算實現自己的願望，每天特別高興，猶如遇到喜事一般。為此，他還寫了《移居二首》，其一說：

> 昔欲居南村，非為卜其宅；
> 聞多素心人，樂與數晨夕。
> 懷此頗有年，今日從茲役。
> 敝廬何必廣，取足蔽床席。
> 鄰曲時時來，抗言談在昔；
> 奇文共欣賞，疑義相與析。

陶淵明是知足者常樂，不講究有多大面積的房子，裝潢得多麼漂亮，擺有多麼高檔的家具。對於他來說，有一張枕席足夠，鄰居們來串門，大家一起聊天，說家長裡短沒有意思，這是女人們的喜好。「奇文共欣賞，疑義相與析。」他們在一起交流，欣賞古人的文章，或當下的好詩文。讀不懂的地方，大家共同研究分析。從一段時間的來往，南村的鄰居不是一般的農民。他來到新的地方，沒有感到孤獨，有這樣的鄰居們，在鄉村聚在一塊，或談話，或飲茶，或喝酒，形成熱烈的氣氛。快樂的說笑聲，隨風吹向周圍的山中，飄向白雲的深處，帶給陶淵明無比的精神滿足。

　　春秋的好天氣，陶淵明邀請南村朋友，登到山的高峰賦詩。他們帶著酒，不管路過誰家的門口，都大聲招呼一起去。農忙的時候，各自在家中的地裡忙碌。只要一閒下來，他們便相聚一堂。其二說：

春秋多佳日，登高賦新詩。

過門更相呼，有酒斟酌之。

農務各自歸，閒暇輒相思。

相思則披衣，言笑無厭時。

此理將不勝，無為忽去茲。

衣食當須紀，力耕不吾欺。

陶淵明認為勞動是快樂的，因為在這樣的勞動中，唯有默默付出，不必要看別人的臉色。只要勤勞地躬耕，老天就會長眼，不會虧待任何人。有了安穩的生活，就可不必四處奔波，這樣的生活讓人心裡無比踏實。

人在大自然中不會有太多的慾望，待在林中聽鳥兒叫，呼吸清爽的空氣，人世間的煩惱被自然的堤壩擋遠，心靈純粹乾淨，如樹上的葉子。每一棵樹，一簇野草，一件農具，一個古舊的用品，都可引起他很多的思緒。

鄉村是神祕的寶盒，每天都有新的變化。樹上的枝頭結出小果，蜜蜂在窗前的花上採擷，清晨的霧纏繞山間，恰似一幅山水畫。隱居之後，許多老朋友來探望，陶淵明格外高興。鄰居找他一塊喝酒，坐在院子中的樹下，開懷痛飲，快樂地度過半天。一個人遊走在大地上，找一塊高處，面對大自然喝酒，覺不出孤獨；有朋友來更覺得快樂。不管這些人來的目的，走進家門就是客，擺出酒款待。少去官場上的應酬，這種無拘無束的自在生活讓陶淵明樂在其中。

陶淵明願意交朋友，寫的那些詩親切自然，滲透著真摯的友情。
雖然在官場沉浮，幾進幾出，他交的朋友範圍廣，但從不把人分高低
相處。他可以和鄉鄰坐地飲酒，對天地大聲朗誦詩作，大家平等尊
重，就能成為朋友。

現存陶淵明不同題材的詩一百二十餘首及其他體裁的作品，從中
可以發現他的蹤跡史，每一個字中的詠歎，以及歸隱期間的沉思。他
詩文的主題，絕大多數都圍繞隱逸而發。即使是他在走運，在官位之
時寫下的詩，也透出對歸隱的渴望。而辭彭澤令之後所寫的這些詩文
中，陶淵明更是淋漓盡致地描繪田園安居生活的樂趣，記錄與鄰居和
友人飲酒、撫琴、讀書及寫詩自娛的經歷。當然，他也記錄下了荷鋤
農耕的艱辛，還有貧困的磨難。

五

陶淵明的朋友劉程之，字仲思，彭城（今江蘇蘇州）人，後改名
為劉遺民，曾任柴桑縣令。

公元 401 年，劉程之做上柴桑縣令。公元 403 年，他辭去官職，
隱居歸入山野，去往廬山的西林研佛理，和高僧慧遠等人結蓮社。公
元 405 年，陶淵明離開彭澤縣令的職位，歸隱田園從事農耕。蕭統
《陶淵明傳》裡有云：「時周續之入廬山，事釋慧遠，彭城劉遺民亦
遁跡匡山，淵明又不應徵命，謂之潯陽三隱。」[1]劉遺民、周續之和

1　[南北朝] 蕭統著：《陶淵明傳》，宋李公煥《箋注陶淵明集》卷末，《四部叢刊》
　　影印宋刊巾箱本。

陶淵明，成為遠近聞名的潯陽三隱。其《和劉柴桑》一詩說：

> 山澤久見招，胡事乃躊躇？
> 直為親舊故，未忍言索居。
> 良辰入奇懷，挈杖還西廬。
> 荒塗無歸人，時時見廢墟。
> 茅茨已就治，新疇復應畬。
> 谷風轉淒薄，春醪解飢劬。
> 弱女雖非男，慰情良勝無。
> 棲棲世中事，歲月共相疏。
> 耕織稱其用，過此奚所須。
> 去去百年外，身名同翳如。

公元 409 年，劉程之給陶淵明寫信，請他上山一同禮佛，這首《和劉柴桑》算是陶淵明給他的一封回信。他與佛教中人士有往來，不代表迷戀佛教。他看破紅塵，不期待來生，更不相信所謂的輪迴轉世。他覺得熱愛生活，每天有足夠的酒喝，讀喜歡的書，珍惜當下的快樂，就是最好的信仰。

陶淵明對於劉程之說的事，也為此躊躇過，他動情地說過，我們是朋友，彼此相互瞭解。你幾次邀請皈依佛門，我思想過很久，一直猶豫，最後下定決心，拒絕這件事情。這麼多年，有太多的經歷，不想再和親人分離開。他辭官回歸田園，躬耕守拙，過平淡的生活，遠離官場保持人格，舒心地度過一生足夠。他留戀人間的煙火氣息，絕

沒有想過要清心寡慾，遠離世人，投入清淨的佛門。

但是詩人通過這火焰般的目光也在改變著世界。一旦詩人看見了世界，世界就不再那麼昏暗；當詩人賦予世界時，它也不再如此沉甸甸了；當詩人在田野、樹林和果園裡看到了人類自由時，它也不再如此受束縛了；當詩人把驍勇意識歸還於人時，世界也不如此敵對了。詩歌不停地使我們回歸到人已出生這種意識中去。[2]

加斯東·巴什拉說的「人類自由」，是陶淵明所追求的。他是個詩人，在詩文中有過無奈、絕望、悲涼、悽慘。他憧憬未來，放棄塵世的生活，不能喝酒，扼殺詩的激情，在唸經書中度過每一天，這樣的形式保證做不到。

一路向西方走去，從林間的路上走出來。盧山的優美風光，讓行人心曠神怡。陶淵明和劉程之分手，獨自拄著登山的手杖，走在盧山的一條路上。山間樹木茂密，途中只有鳥兒，草叢中竄出小動物，陪伴山野的行走。山路崎嶇看不到人影，經過村莊的廢墟，從中可以辨別出，這不是天災，而是魏晉兵禍造成的慘境。他心情不好，災難的影響烙印在他的心中，但他還是樂觀的，想到屋子翻修可以入住，荒蕪的田地過三年也可以再種，便不由得釋然了。

每天被瑣碎的事纏繞，不知不覺間，歲月就會遠去。耕種田地，風調雨順，老天保佑獲得足夠的糧食，穿上遮體的衣服，如能達到這

2　　[法]加斯東·巴什拉著：《夢想的權利》，第 192 頁，上海：華東師範大學出版社，2013 年版。

一點，他就再無太多的想法。因為，每一個人都終有一天會離開這個世界，生命歸於泥土中，名聲和地位都隨著消逝。

陶淵明拒絕劉程之，不妨礙他們之間的關係。他沒有動搖人生的信念。讓宗教束縛自己的言行，不是他歸隱的最終目的。

六

周續之生於公元 377 年，字道祖，雁門廣武人。《宋書‧隱逸傳‧周續之傳》談道：「既而閒居讀《老子》《莊子》《周易》，事沙門慧遠，與劉程之、陶潛俱不應徵，謂之潯陽三隱。」周續之崇拜老莊，因此老莊的思想影響他的人生觀。他一直認為，在晉末那樣腐朽的社會，一個人保持氣節操守，就不能去做官，更不能建立家庭，娶妻生子給社會增加負擔。他堅守信仰，過著平常的單身生活。

周續之誦讀嵇康的《高士傳》，欣賞書中那些高士的人生事跡，學習他們的為人處世。他是高僧慧遠的同鄉，兩個人情誼深厚，史料上記錄，他是慧遠門下的五賢之一。劉裕知道他心氣高，不肯出來為官，稱他「真高士也」。劉裕後來做了皇帝，投其所好，為周續之在東城外開設一家書館，招集門徒傳授，有時親自到學館，向周續之請教《禮記》。

周續之和陶淵明是好朋友，他雖然是隱居者，但隱得不夠徹底。檀韶在任江州刺史後，為了抬高文化品位，體現對儒學的尊敬，他在城北開設講壇，請周續之等儒學名家定期講儒學和周禮，也做一些校

正儒學典籍的工作。周續之不願意去，但經不住檀韶的請求，只好答應下來。

陶淵明對此不理解，認為這是對儒學的玷汙。統治者拿文化當作金匾裝門面，背後都在爭權奪利，耍陰謀詭計，不知殺害多少人。他們心中骯髒的東西太多，怎麼會尊重儒學。他對周續之去講禮不以為然，寫詩婉言勸誡周續之不要去講學。蕭統《陶淵明傳》有一段說：「刺史檀韶苦請續之出州，與學士祖企、謝景夷三人共在城北講《禮》，加以讎校。所住公廨，近於馬隊。是故淵明示其詩云：『周生述孔業，祖謝響然臻。馬隊非講肆，校書亦已勤。』」[3]晉義熙十二年（公元 416 年），陶淵明五十二歲，他創作一首《示周續之祖企謝景夷三郎（時三人比講禮校書）》：

> 負痾頹簷下，終日無一欣。
> 藥石有時閒，念我意中人。
> 相去不尋常，道路邈何因？
> 周生述孔業，祖謝響然臻。
> 道喪向千載，今朝復斯聞。
> 馬隊非講肆，校書亦已勤。
> 老夫有所愛，思與爾為鄰。
> 願言謝諸子，從我潁水濱。

3　[南北朝] 蕭統著：《陶淵明傳》，宋李公煥《箋注陶淵明集》卷末，《四部叢刊》影印宋刊巾箱本。

他說自己在舊宅的屋簷下養病，一天中很少有他高興的事。服用藥石以外，大多是空閒時間，就會想念起一些好友。

陶淵明認為周續之、祖企和謝景夷三人校書講《禮》，這是件十分勤苦的事情，對孔子大業的發揚光大，是值得人們讚揚的。不過也有不足的地方，他們的所居住的地方離馬隊太近，與所從事的事業不對稱，熱鬧和安靜對比起來，未免滑稽可笑。陶淵明在詩中既有表揚，也有調侃的一面。

陶淵明對周續之此舉不滿意，作為朋友直言不諱地說出。他說周續之與所從事的講學極不相稱，表明他的意趣與志向。

七

廬山東林寺坐落於廬山西麓，南眺廬山，北倚東林山。因處於西林寺以東，故名東林寺，是淨土宗的發源地，為晉代名僧慧遠於東晉太元九年（公元 384 年）創建。義熙十年（公元 414 年），廬山東林寺高僧慧遠，準備成立佛教組織白蓮社。

謝靈運（公元 385—433 年），東晉名將謝玄之孫，原名公義，字靈運，小名客，人稱謝客。他是南北朝時期傑出的詩人、文學家，也是一位旅行家，宋時做到臨川太守。晉隆安三年至晉義熙元年（公元 399—405 年），十五歲至二十一歲，謝靈運從錢塘移京都建康烏衣巷，在這裡與王謝子弟一起「烏衣之遊」，文義相賞，度過他一段世家子弟的生活。

東晉南朝時期，文人雅士經常聚會，三五成群地一起出去遊玩，最有名的要屬謝氏家族的游集活動。這種現象與謝氏家族的政治、經濟地位有關。

謝混作為長者，通過「烏衣之遊」的形式，對謝靈運等下一代進行教育和啟發。聚會主要是「以文義賞會」。謝混本人就有很高的文學造詣，能和他進行「烏衣之遊」的對象不是一般的人，富有文學才能的人可以進入他挑選的範圍。「烏衣之遊」的弟子不少，有十五六人之多，謝混作品中說到的只有謝瞻、謝靈運、謝晦、謝曜、謝弘微。其中謝靈運才智聰穎，博覽群書，精通玄理和佛學，所以他的詩歌和書法被人們稱為「二寶」。

謝靈運從小受家庭的影響，是有政治野心的，可是一生不得志。他的思想極其複雜，他不但是老莊的信徒，也是佛的信徒。他熱愛遊山玩水，經常同一群人遊覽名勝，徜徉在青山綠水中。元嘉九年（公元 432 年），初春的季節，謝靈運任永嘉太守，大病後登池上樓，抒發複雜的心境，寫出《登池上樓》：

池塘生春草，園柳變鳴禽。
祁祁傷豳歌，萋萋感楚吟。
索居易永久，離群難處心。
持操豈獨古，無悶征在今。[4]

4　[南北朝] 謝靈運著：《登池上樓》，引自《漢魏六朝詩文卷》，第 110 頁，北京：京華出版社，1998 年版。

這是千古佳句，寫出了詩人擺脫孤獨，保守清潔的精神。詩人有病在身不能出門，在榻上度過漫長的冬天。初春時節了，謝靈運坐在窗前，眺望窗外遠處起伏的群山。他以詩人的敏感，發現「池塘生春草，園柳變鳴禽」。不覺之間，池塘的枯草叢裡，竟然冒出了綠色的新芽。

謝靈運和陶淵明不一樣，他是信佛的，由於是貴族出身，家裡富裕有錢，陶淵明的家庭背景和身分不能同他相比較。謝靈運的祖先被封過公爵，他名正言順地繼承公爵的地位，稱為康樂公。他捐獻給東林寺很多的白蓮花，在寺裡開挖大水池，養這些白蓮花，眾徒結社拜佛，這就是白蓮社的來源。

慧遠大師不喜歡謝靈運，覺得他心裡雜亂的東西太多，相反，他更喜歡陶淵明的真誠。陶淵明家貧如洗，不可能有額外的經濟能力向東林寺捐獻，但這並沒有妨礙慧遠大師對他的欣賞。慧遠大師結「白蓮社」，希望他加入。他推脫，並且說如果允許喝酒，可以考慮前往。高僧慧遠不正面回答，就是默應他。陶淵明來到了東林寺，但他不想安養淨土，潛心佛學。高僧慧遠給他講佛理，力勸他加入，他聽後，心情不高興，一臉不悅地走開。長期的田園生活，養成他自由自在、不接受強加給的事情的性格，況且佛教諸多的清規戒律會阻礙他拚盡一生換來的自由。陶淵明有著深厚的儒家思想，這是和佛教宣揚的理論相互牴觸的。他的個性不可能接受任何束縛，這一點在他的《擬古詩》當中可見一斑：

蒼蒼谷中樹，冬夏常如茲。

年年見霜雪，誰謂不知時？

厭聞世上語，結友到臨淄；

稷下多談士，指彼決吾疑。

裝束既有日，已與家人辭。

行行停出門，還坐更自思。

不怨道里長，但畏人我欺。

萬一不合意，永為世笑嗤。

伊懷難具道，為君作此詩。

事情很快過去，這些事情不過是人生的插曲。陶淵明未能入東林寺，投奔高僧慧遠的門下，但他們仍然是朋友，陶淵明詩中所說的「君」，不是敬稱，是指一起去白蓮社的友人們。清邱嘉穗在《東山草堂陶詩箋》認為，宋朝楊漢所說的稷下談士，是說東林諸多名人。

高僧慧遠在廬山居住三十多年，從來沒有出過山，不與俗人接觸。有客人來訪，送時不會破壞規矩，跨越過虎溪。一旦越過溪水，守衛在這裡的老虎便跳出來以一聲吼叫發出嚴重的警告。

陶淵明和高僧慧遠信仰不同，他拒絕加入白蓮社，不妨礙他們的友誼。他們在諸多觀點上的看法是比較統一的，所以才能成為至交。高僧慧遠送陶淵明出山，竟然打破「影不出山，跡不入俗」的規矩。到了宋代石恪《三笑圖》、李伯時《白蓮社圖》都將這個典故納入畫中。僧智圓、文學家蘇東坡和黃庭堅等人為《三笑圖》寫出了讚美的詩句。

《三笑圖》的場景是：清爽的秋天，一條蜿蜒的溪水，從畫中川流而過，兩旁的樹木紅葉繽紛。一座石橋旁，陶淵明、慧遠、陸修靜三人談得興奮，仰頭大笑，迴蕩在山野間，驚得鳥兒飛起。

有一次，高僧慧遠送兩人下山，一邊走著，一邊不斷地交談，由於專注說話，不知不覺間竟然穿越過虎溪。突然間，發現自己走過地界，三人聽不到虎嘯聲，不見猛虎出來，於是大笑起來。

陶淵明與人交往，保持獨立人格，不是見什麼人說什麼話，隨聲附和，這正是他可敬的地方。

八

顏延之（公元 384—456 年），字延年。東晉初他的家族從北方南渡，曾祖顏含隨晉室南遷，官至光祿大夫。祖約是零陵太守，父顯當上護軍司馬。從家族的事蹟上，無論先祖勛爵都不如陶淵明的家。他屬於正宗的士族，算不上高門巨閥的階層。顏延之是當時著名的文學家，他因山水詩而聞名，與謝靈運、鮑照並稱元嘉三大家。

東晉南朝的士族與庶民是兩個階層，他們分開居住，並且從不互相往來。顏延之早年家境清貧，居住的條件和庶人差不多。顏延之好飲酒，不拘小節，不似門閥貴族的人們那樣生活，他的婚姻與仕宦均十分坎坷，並不得意。他後來做了吳國內史劉柳的行參軍。顏延之做他的幕僚，不算是清白的望族。他骨子裡的東西，不是什麼都能改變的，後來看到劉柳的兒子劉湛在朝廷中橫行霸道，獨攬大權，就以自嘲的口氣挖苦他。

陶淵明與顏延之是忘年交，他比顏延之大十九歲。顏延之一有空，就跑到陶淵明家裡聊天。他們一樣喜歡喝酒，說話耿直不拐彎，生活儉樸。顏延之對德高望重的陶淵明十分景仰，從大背景上來看，兩個人比較接近，這是二人成為好朋友的原因之一。

晉安帝義熙十一年（公元 415 年），顏延之任劉柳後軍參軍，這是他與陶淵明初識。劉柳出任江州刺史，顏延之任後軍功曹來到江州，治所正是在潯陽。

陶淵明搬遷到栗里南村，顏延之也住在這裡，此處是文化藝術人士的聚居地。顏延之有官位在身，職務清閒，有時間與陶淵明相聚、談讀書和寫詩的經驗。

顏延之在文壇上的名氣不大，陶淵明則是成熟的詩人。由於與陶淵明的接觸，在交談中得到很多的經驗，對他詩歌的成熟起到一定作用。從誄文中可以看到，顏延之對長輩的人品和詩作，有較深的瞭解。他們在一起，更多的是文學上的交流，互相鼓勵提高。

東晉的詩歌，盛行玄遠晦澀的風氣，詩人抒發思想和感情的能力衰退。陶淵明的作品個性鮮明，借物喻情，描繪出極豐富的藝術形象；而顏延之的詩歌拋棄蒼白的抒情，不加雕削，深受陶淵明影響。

對於陶淵明來講，能與顏延之這樣性格真率、豪放的人交往，是人生難能可貴的事情。顏延之雖然清閒，但身在官場，獲得各種消息的來源迅捷而廣泛，因此常常給陶淵明帶來文壇上的各種信息。對與外界斷絕聯繫的詩人，也有不少的幫助。飲酒談論詩歌之外，兩人海

闊天空地閒聊，談人生，談生活，談處世的態度與方式，閒看他人行事，多記先正格言。

推心置腹的對話，令顏延之看到大自己十九歲的詩人，思想保持先鋒性，雖然孤獨不入世，但不能說頑固和保守，而是保持剛直的風格。在風雲險惡時代，小人當道，危險潛伏在身邊。陶淵明的生活狀況，顏延之最清楚。出於對改善好友生活狀況角度的考慮，他曾多次勸說陶淵明，希望他能再次走上仕途，一來為國家做事情，發揮他的教化能力；二來還可以緩解一下生活的質量，增加一些收入，讓家人過上舒服的生活。他聽了友人的話，未正面做出回答，卻針對顏延之的言行提出改正不當之處，不要隨世俗的潮流。

後來遭遇坎坷、經受磨難的時候，顏延之想起陶淵明的教導，覺得格外珍貴。

劉宋景平二年（公元 424 年），顏延之和陶淵明再一次見面，距離上次分手，近十個年頭。顏延之的文才，引起傅亮的嫉恨，他與謝靈運、僧慧琳依附廬陵王劉義真，讓徐羨之等人痛恨。少帝即位以後，劉義真失寵，謝靈運也受牽涉，下放永嘉任太守。顏延之自然不會有好結果，同時被外放到始安做太守。始安即現在的廣西桂林，山水風光舉世聞名，享有山水甲天下的美譽。顏延之對這些不感興趣，一紙官令到達，他隨即便踏上赴任途中。從建康出發溯江西而上，途中經過潯陽。這是難得的機會，此次相聚，不知何年何月再見面。顏延之拜訪老友陶淵明，心中五味雜陳，既有久別後相逢的驚喜，又有離別的傷感。

由於時間緊迫，旅途匆忙，停留時間不能長。仍然是當年的舊宅，老桌子，老椅子，人發生變化，滄桑悄然爬上臉。顏延之做什麼的心思都沒有，每天與陶淵明見面，兩人有說不完的話。何法盛在《晉中興書》中記載：「延之為始安郡，道經潯陽，常飲淵明舍，自晨達昏。」顏延之官令在身，短暫停留之後便不得不離開陶淵明，臨走時留下兩萬錢，讓他過幾天舒服的日子。陶淵明則將錢全部送到酒館，以便隨時喝酒花費。

顏延之與陶淵明的年齡相差大，卻沒有成為交往的障礙，在當時的文壇上傳為佳話。元嘉四年，陶淵明去世，顏延之悲痛至極，寫下《陶徵士誄並序》，對陶淵明隱逸的人格做出讚美。

物尚孤生，人固介立，豈伊時遘，曷云世及！嗟乎若士，望古遙集，韜此洪族，蔑彼名級。睦親之行，至自非敦；然諾之信，重於布言。廉深簡潔，貞夷粹溫；和而能峻，博而不繁。依世尚同，詭時則異；有一於此，兩非默置。豈若夫子，因心遠事。畏榮好古，薄身厚志。世霸虛禮，州壤推風。孝惟義養，道必懷邦。人之秉彝，不隘不恭。爵同下士，祿等上農。度量難鈞，進退可限。長卿棄官，稚賓自免。子之悟之，何悟之辨！賦辭歸來，高蹈獨善。亦既超曠，無適非心。汲流舊巘，葺宇家林。晨煙暮靄，春煦秋陰。陳書綴卷，置酒絃琴。居備勤儉，躬兼貧病；人否其憂，子然其命。隱約就閑，遷延辭聘。非直也明，是惟道性。糾纏斡流，冥漠報施，孰云與仁，實疑明智。謂天蓋高，胡愆斯義！履信曷憑，思順何置？年在中身，疢維痁疾。視死如歸，臨凶若吉；藥劑弗嘗，禱祀非恤。傃幽告終，懷和長

畢。嗚呼哀哉！敬述靖節，式遵遺占。存不願豐，沒無求贍。省訃卻賻，輕哀薄斂。遭壤以穿，旋葬而窆。嗚呼哀哉！深心追往，遠情逐化。自爾介居，及我多暇。伊好之洽，接閻鄰舍，宵盤晝憩，非舟非駕。念昔宴私，舉觴相誨。獨正者危，至方則閡。哲人卷舒，布在前載，取鑑不遠，吾規子佩。爾實愀然，中言而發。違眾速尤，迕風先蹶。身才非實，榮聲有歇。睿音永矣，誰箴余闕。嗚呼哀哉！仁焉而終，智焉而斃。黔婁既沒，展禽亦逝。其在先生，同塵往世，旄此靖節，加彼康惠。嗚呼哀哉！[5]

顏延之寫的《陶徵士誄並序》，評價陶淵明隱逸不出，是由於其質性高潔，不願同流合汙。其實最重要的原因，是這個時代沒有好的賢者發現並利用好詩人。他發出的牢騷，反映出了當時文人對晉宋的統治者的不滿。

九

王弘與陶淵明交往的事，《宋書》《南史》及蕭統《陶淵明傳》所記，除個別文字不同外，情節都一樣。《晉書》陶淵明本傳對王弘造訪記載得詳細：

---

5 [南北朝] 顏延之著：《陶徵士誄並序》，引自《文選》卷五十八，《四部叢刊》影印宋刊本。

刺史王弘以元熙中臨州，甚欽遲之，後自造焉。潛稱疾不見，既而語人云：「我性不狎世，因疾守閒，幸非潔志慕聲，豈敢以王公紆軫為榮邪！夫謬以不賢，此劉公幹所以招謗君子，其罪不細也。」弘每令人候之，密知當往廬山，乃遣其故人龐通之等齎酒，先於半道要之。潛既遇酒，便引酌野亭，欣然忘進。弘乃出與相見，遂歡宴窮日。潛無履，弘顧左右為之造履。左右請履度，潛便於坐申腳令度焉。弘要之還州，問其所乘，答云：「素有腳疾，向乘籃輿，亦足自反。」乃令一門生二兒共輿之至州，而言笑賞適，不覺有羨於華軒也。弘後欲見，輒於林澤間候之。

一場大火過後，陶淵明移居南村，隱逸的名聲傳出。有些人敬重他的人品和文章，總想找機會與他結交。他不是自視清高，把自己包裝起來。考慮到自己已經歸隱田園，不必要過多的露面，和州郡長官結交更是不恰當。所以陶淵明盡量避免與他們見面，如果真躲不開，就順其自然。

義熙十四年（公元 418 年），王弘出任江州刺史。早聽說陶淵明的名字，一定要與他交往。王弘託人傳信給陶淵明，想去他家登門拜訪。陶淵明厭惡官場的人員，不論官大小都不願意見。見面後與官員談什麼，聊詩歌怎麼寫，還是說些違心的話，或是坐在大樹下喝酒？陶淵明不知該如何應對，便推說有病在身，一再婉拒。

王弘卻是個鍥而不捨的人，這一招不行，就琢磨別的辦法。有一天，他聽說陶淵明上廬山看朋友，想出一招妙計。計劃非常詳細，他讓龐通之帶好酒和酒具，事先等在路邊。龐通之與陶淵明是好朋友，

陶淵明走得有些累，需要休息的時候，見到他坐在路邊，等候他來喝酒，就不會迴避。事情按著計劃發展，陶淵明走得寂寞，突然看到龐通之，自然很高興，又見他帶酒迎接，就跟他坐到一處。兩個人一邊喝酒，一邊聊起來，這時王弘出現，龐通之引薦他與陶淵明相見。幾杯下去，酒又助興，新老朋友言談甚歡。陶淵明與王弘交成朋友，他看到陶淵明光著腳沒有穿鞋，就叫身邊的人給陶淵明買鞋。由於第一次見面，不知對方腳的尺寸，陶淵明便抬起腳來，讓人用草棍做鞋尺子，量他的腳有多大。

後來，王弘請陶淵明上府衙做客，他高興地答應去。陶淵明的腳有毛病，走不了太長的路，王弘就派人抬轎子送他進城。兩人的友誼加深，以後，王弘想見他，便站在湖邊，或樹林邊等候。

宋代人沈唯齋指出：「不因彭澤休官去，未必黃花得許香。」[6]由於陶淵明的原因，「採菊東籬」成了著名的典故。但沒有酒喝，對於他是痛苦的。有一年，家中無酒時他鬱悶不樂，失魂落魄般不知做什麼。他坐在院子裡的菊花叢邊，看著蜜蜂在花蕊中飛舞，隨意摘一朵菊花在手中轉來轉去，並不時地拿到鼻子下面聞花香。可是，欣賞菊花，缺少酒真是掃興。想到這裡，他便拿一大把菊花，眼睛無神，向遠處望去。而恰在這時，他的眼神亮了，因為他看到一個穿白衣的人說奉王弘之命前來送酒，陶淵明心中大喜，接過酒立即盡飲至醉。

6　[宋]陳景沂著：《全芳備祖前集》卷十二，《花部‧菊花》。

十

陶淵明交往的朋友中，還有一位姓龐的參軍。

宋少帝景平二年（公元 424 年），陶淵明六十歲，龐參軍於春天奉劉義隆的指示，由河陽出使江陵，任鎮西將軍、荊州刺史劉義隆的參軍。兩人情性相似，交往中淡泊的胸懷，陶淵明對他有惜別的感情，作了《答龐參軍》一詩，並在詩序中寫道，品味贈詩，不想重新讀都不行。我們成為鄰居後，時常見面交談，兩個春冬過去，時間這麼快過去。好友分手，是一件讓人痛苦的事。陶淵明在詩中說：

> 相知何必舊，傾蓋定前言。
> 有客賞我趣，每每顧林園。
> 談諧無俗調，所說聖人篇。
> 或有數斗酒，閒飲自歡然。
> 我實幽居士，無復東西緣。
> 物新人惟舊，弱毫多所宣。
> 情通萬里外，形跡滯江山。
> 君其愛體素，來會在何年？

陶淵明感嘆自己年老體弱很少作詩。我們相隔萬里，大山大水阻不斷的是情感。思念讓我們緊密相連，多保重身體，不知何年何月才能再相聚。

公元 424 年，龐參軍因公兩次經過潯陽，都去拜會陶淵明。他寫有兩首《答龐參軍》，在這首詩中，是龐參軍從江陵出使，路過此地，他們再度相逢。

這首詩為什麼能這樣感人呢？首先在於淵明在詩裡注入了他熱烈誠摯的深情，注入了他的品質、性格，注入了他的整個心靈；此外，還有賴於詩的技巧。詩寫得真率自然，自首至尾，好像是有淵明面對即將離去的老朋友披心暢談似的。一開頭就說：「相知何必舊，傾蓋定前言。」說得真率而又委婉。接著就暢談他們結識以來的情誼：「有客賞我趣，每每顧林園。談諧無俗調，所說聖人篇。或有數斗酒，閒飲自歡然。」淵明和老朋友談起話來，是那麼自在，無拘無束；用的語言也是那麼平易自然，接近口語。這樣寫來，多麼自然真率啊。這裡面也就呈現出淵明的熱情、坦率、真摯的性格。他不說舊遊常來訪，而說「有客賞我趣，每每顧林園」。多麼有風趣！這就又透露出淵明性格的另一面──幽默。

淵明這一片熱烈誠摯的深情，又那麼自然真率地表現出來，情真意切，娓娓而談，顯露出他的性格，使人感到特別親切，不能不被它所感動而難於忘卻。[7]

陶淵明已經不年輕，六十歲的老人，在冬天寒冷的季節又見到久別的友人，心情格外激動。鄉村的日子靜謐，寒冷的空氣在戶外流動，天空很少看到飛鳥兒，附近難以見到別人，只聽見他在跟龐參軍交談。

7　蕭望卿著：《陶淵明批評》，第 114—115 頁，北京：北京出版社，2016 年版。

人到老年寂寞，行動不方便，激情逐漸減少。然而此刻，酒精點燃了低落已久的情緒，面對老朋友，陶淵明恨不得倒完一肚子的話，細說歸隱後的生活，描摹一下每天讀書、寫詩、飲酒的畫面。

時間和天色一樣，自然地變化，日子一天天往前走，無法挽留。他回想起不願做官的經歷，慨嘆如今生活的簡單自在。正是因為靈魂中有相同的東西，才會走到一起。陶淵明和龐參軍兩人有著共同的志趣，斟滿一杯酒，然後舉起杯相碰。從古談到現在的名家經典，寫作新詩的感受，這樣的日子不是每個人都有的。兩個人談得高興，相聚短暫又要分手，一天不見面就又開始思念對方。如此的友情令千百年後的讀者猶能動容。

第九章

性樂酒德

一

　　飲酒是陶淵明的樂趣，他的好友顏延之說「性樂酒德」。他不在意酒的產地，而是有所寄託。

　　酒是特殊的飲品，在我國釀酒歷史悠久，周代發展成相當規模的手工業作坊，設有專職掌管酒的釀造官員，並制定出法令，確定釀造規程，設置了管理釀酒的酒正、酒人、郁人、漿人、大酋的管職。《漢書・食貨志》中記載：「酒者，天之美祿。帝王所以頤養天下，享祀祈福，扶衰養疾，百禮之會，非酒不行。」酒在中國文化中有極大作用，祭祀、祈福、養身離不開酒的助興。

　　從古至今的文人騷客，對酒情有獨鍾，漢建安年間的建安七子，不少人是以狂飲和文采，突現個性而著稱於世。

　　現代畫家傅抱石，原名長生、瑞麟，號抱石齋主人。1904 年，生於江西南昌的修傘匠人家。

　　作為陶淵明的江西老表，傅抱石和他一樣嗜酒，酒能激發作畫的靈感。酒後進入狀態，微醉中忘記所有的雜念，飽蘸墨汁的毛筆是特殊的符號，筆桿是血脈的伸延，面對鋪開的紙，充滿生命的力量。身體的溫度暖熱竹筆桿，使它有了夢想和快樂，滿腔激情宣洩在紙上。

　　「往往醉後」是傅抱石所用的印文，這四個字，體現傅抱石的個性，由於喜愛酒，陶淵明是主要的題材之一。1935 年，他在日本留學期間，在第一次舉辦個人畫展上，曾展出過《淵明沽酒圖》，畫面

上陶淵明信步而行，神情若有所思，童子背著酒壺，緊隨主人的身後。畫上有大片空白，透出深遠的意境，表現主僕兩人的情感。

在此以後，傅抱石又畫過許多張構圖相近的畫。1940 年，傅抱石創作一幅《淵明攜酒圖》，畫面的背景是山林，表現寄情於世外，追求淡泊生活的願望。一束松枝，從左向下斜傾，與行走中峨冠博帶、寬袍大袖的陶淵明形成對比。身後童子背負酒壺，步步緊隨主人，略施淡淡的色彩。傅抱石在畫歷史人物時，更多的是喜愛畫一些酒仙，原因是有共同的喜好，酒作媒介，溝通他們的感情。他關注人的風骨，詩情收藏在線條的背後，走回內心的深處，這是多年修練的成果。在色彩和線條的敘述中，歷史的脈絡一條條被疏通和連接。從中透出大氣勢，蕩出歷史的回聲。

每個喝酒的人，在時間中都會留下幾個故事。有一次，一位郡守邀請陶淵明喝酒。他稍晚到一會兒，來到時酒做好要過濾，可是身邊沒有過濾器具，他二話沒說，摘下戴在頭上的葛巾，作為過濾用的布，過濾酒中的雜質。事情完成後，他把酒弄濕的葛巾，在空中抖幾下，隨意地戴到頭上。在座的人，注視詩人的舉動，沒有人說話，卻都被他直率、不受規矩約束的性情所感動。

陶淵明是性情中人，逢到客人來都是平等對待，不分來者身份的高低，只要他家中有酒，就弄兩個小菜，設宴招待。陶淵明開懷暢飲，不拘禮儀，每次客人未醉，自己先喝醉，就不客氣地說，我醉了，想睡一會兒，你們先走吧。他的性格如同老頑童，對任何人不設防，如此率真，無虛偽的客氣。

錢選為元代吳興八俊之一，他的人物畫中，隱士題材占很大一部分，對陶淵明偏愛，《柴桑翁像》《扶醉圖》《歸去來辭圖》都是關於陶淵明的主題系列。《扶醉圖》是陶淵明飲酒的故事，他倚坐於竹榻之上，此時醉眼矇矓。解開衣襟，讓清涼的風撲來，酒喝到痛飲的暢快。這是真實的陶淵明，言行隨意，少了刻意的修飾。右側有一行題字，他對客人說：「我醉欲眠，君可去。」他已經大醉，一陣睡意襲來，眼皮沉重，已經睜不開，不能相陪再喝，客人可以離去。右側畫面的客人，雙手作揖，面容恭謹。

　　陶淵明一百多篇詩文中寫到酒的有五十餘篇，幾占去一半。「偶有名酒，無夕不飲，顧影獨盡，忽焉復醉。」「忽與一觴酒，日夕歡相持。」「千秋萬歲後，誰知榮與辱。但恨在世時，飲酒不得足！」讀淵明詩文，覺得他似乎無日不飲，一醉再醉，飯可以不吃，酒卻不能不喝，甚至生命將盡，遺憾的還是酒未喝足！在一般人的日常生活以及社會輿論中，「酒」的口碑並不那麼好，唯獨一旦與文人，尤其是與詩人搭界，便滋生出諸多風雅與深意來。在眾多與酒結緣的詩人中，陶淵明該是最高典範。

　　至於詩人為何愛酒，酒為何鍾情詩人。落實到陶淵明身上，詩與酒的關係究竟如何，眾說紛紜。

　　魏晉時代，政治黑暗，士心淒苦，許多文人借酒放曠，在酒中脫略行跡、遺世忘物，乃至忘情、忘憂、忘我、忘天，與自然渾融一體，以取得精神與超越。[1]

1　　魯樞元著：《陶淵明的幽靈》，第 80 頁，上海：上海文藝出版社，2012 年版。

陶淵明處於晉末的動亂時代，「大濟蒼生」的政治抱負無法實現，酒與他出世隱遁、嚮往自然的思想緊密相連。

陶淵明愛喝酒，微醉中打碎加於人身的藩籬，釋放出人性，達到「萬物與我為一」的精神境界。

陶淵明和酒的關係，如同酒和杯子形影不離，渾然一體。他不追求富華的生活，但不能缺少酒的芬芳，歸隱田園的深處，切斷與外界的關聯，假如沒有酒的話，日子會無滋無味。

他的詩句瀰漫著田園的氣息，傷感滲進酒中。

二

有一天，陶淵明獨自行走，他穿過清晨的寂靜，前往東郊踏春遊。春天萬物復甦的時候，樹枝拱出新綠的芽，風傳播泥土的清新氣息。他倒滿一杯酒，對著天地舉起來，在酒中尋到了歡樂的滿足。

陶淵明喜歡閑靜的生活，「延目中流，悠想清沂」，目光投到水面，河水倒映眼底。他想起遠古的沂水，那些童子們閒詠而歸的情景。他年輕時帶著激情的心，也曾激昂過，也曾為了理想發奮向上。然而，生活在那樣的時代，所有努力都變成空想，只有酒是真實的，喝進肚子裡讓你高興，忘記憂傷，進入忘我的境界。

晉安帝元興三年（公元 404 年），陶淵明四十歲，歸隱在家鄉柴桑。三月三日出遊東郊，古代有「修禊」的風俗，他寫下《時運》：

邁邁時運，穆穆良朝。
襲我春服，薄言東郊。
山滌餘靄，宇曖微霄。
有風自南，翼彼新苗。

洋洋平澤，乃漱乃濯。
邈邈遐景，載欣載矚。
人亦有言，稱心易足。
揮茲一觴，陶然自樂。

延目中流，悠想清沂。
童冠齊業，閒詠以歸。
我愛其靜，寤寐交揮。
但恨殊世，邈不可追。

斯晨斯夕，言息其廬。
花藥分列，林竹翳如。
清琴橫床，濁酒半壺。
黃唐莫逮，慨獨在余！

詩中的內容複雜，抒發從自然中得到的欣慰之情。陶淵明不是一般的詩歌愛好者，擁有的並不是小抒情、小浪漫、小溫情，自己的小小感悟。他不能忘記人間的事情，脫離現實的殘酷。他的理想是和平的社會，人與人和諧相處，明知是個浪漫的幻想，不可能得到，可如果人

連這麼點的權利被剝奪，又缺少酒喝，那麼人生還有什麼意義？

三

按五行的說法，菊花開在秋天，秋令在金，人們以黃色為準，稱菊花叫黃花、金莖。又是農曆九月為陽，九九重陽賞菊為習，故又稱菊節花、九華。尤其唐代到了「無菊無酒不重陽，不插茱萸不過節」的地步。

歸隱田園的陶淵明，喜歡九月九日重陽節，他的庭院中種很多的菊花，枝頭菊花黃似金，顯現清雅脫俗。應是一飲登高酒、今日醉幾人的日子，他的酒壺變得空蕩，香氣散盡。沒有人來送酒，圍繞一叢叢菊花，摘一朵菊花，放在鼻子下聞，總是不愜意。有菊花，卻少相伴的酒，他生出無限感慨，寫出《九日閒居》：

世短意常多，斯人樂久生。
日月依辰至，舉俗愛其名。
露淒暄風息，氣澈天象明。
往燕無遺影，來雁有餘聲。
酒能祛百慮，菊解制頹齡。
如何蓬廬士，空視時運傾！
塵爵恥虛罍，寒華徒自榮。
斂襟獨閒謠，緬焉起深情。
棲遲固多娛，淹留豈無成？

陶淵明已過五十五歲，此詩是他的晚年所作，體現他詩的風格特點，句子凝練而富於新意。

　　農曆九月九日，這一天二九相重，稱為重九。古人認為九是陽數，所以又稱重陽。從漢代開始，就有重九日佩茱萸、食蓬餌、飲菊花酒的風俗。飲菊花酒，認為是從陶淵明賞菊飲酒而來的。酒素有「百藥之長」，藥酒製作法，古人早有論述，《素問》中有「邪氣時至、服之萬全」的論述，是關於藥酒治病的最早的記錄。賞菊飲酒，紀念秋天的到來，除了袪病延年的功效外，在清爽的日子，賞菊花喝酒的時候，既能溝通感情，又可以愉悅精神。他在《飲酒》

（其十四）中說：

> 故人賞我趣，挈壺相與至。
> 班荊坐松下，數斟已復醉，
> 父老雜亂言，觴酌失行次，
> 不覺知有我，安知物為貴，
> 悠悠迷所留，酒中有深味。

幾個朋友聚在一塊，幾杯酒喝下去，大家酒酣耳熱有一些醉意。這時沒有那些規矩，什麼長輩，什麼晚輩，長幼尊卑。朋友間不分彼此，不受任何的拘束，快樂地喝酒，進入忘我的境界。情緒自在輕鬆，只有喝酒時才體會到人生的滋味。

　　清代《秋坪新語》有一段記載，有個叫侯崇高的讀書人，模仿陶

淵明，在書房的周圍種植大量的菊花，以示自己的精神追求。有一天，夜深人靜之際，圓月當空，獨自撫琴。在樂曲聲中，菊花隨著節奏搖曳身姿，翩然起舞。花的清香四溢，在舞中散發在空氣中，沁人心脾。

侯崇高是讀書人，觸景生情，見此頗為驚詫，停止彈撥，琴弦安靜，舞動的菊花頓時停下來。再次撫琴，菊花聽樂舞起，曲止花歇，這種情況反覆再三。「菊，真知音也。」第二天清晨，他沐浴以後，又一次撫琴。菊花聽到音樂，興奮再次起舞，使得他忘形其中。

菊花作為普通的花，不是奇花異草。只要栽進泥土中，給它一點濕潤，就能頑強生存下去。它們是大地上的植物，活得隨意，更能表現詩人的精神氣質，因而幸運地成為陶淵明的人生符號之一。

四

晉元熙二年（公元 420 年）六月，劉裕把恭帝降為零陵王，第二年又卑劣殘忍地把恭帝殺掉，終於做上皇帝。在這件事情上，陶淵明持反對派的意見，對於這些人血腥的手段不贊成。他壓抑內心的悲憤，夜晚坐在窗前，毫無睡眠之意，情緒震動中寫下《述酒》。對於局勢不安定的社會，風譎雲詭，借講述酒的事情發洩出來：

重離照南陸，鳴鳥聲相聞。
秋草雖未黃，融風久已分。
素礫晶修渚，南嶽無餘雲。

豫章抗高門，重華固靈墳。
流淚抱中嘆，傾耳聽司晨。
神州獻嘉粟，西靈為我馴。
諸梁董師旅，芊勝喪其身。
山陽歸下國，成名猶不勤。
卜生善斯牧，安樂不為君。
平王去舊京，峽中納遺薰。
雙陽甫云育，三趾顯奇文。
王子愛清吹，日中翔河汾。
朱公練九齒，閒居離世紛。
峨峨西嶺內，偃息常所親。
天容自永固，彭殤非等倫。

顛倒黑白的時代，社會混亂不堪，人們閉口不談國事，很少有人說真話。假話是自我保護的形式，免受滅頂之災，對於家人和自己都是安全的。裝糊塗什麼都不要說，趕快用酒堵住嘴巴。但有一點不敢保證，喝醉後，如果說錯什麼話，那也是胡說八道，在神志不清的情況，人是無德可講。詩中用隱晦的語言，說出對篡權者的極大憤慨。

留一半清醒，一半醉，陶淵明心知肚明，心中對國家充滿擔憂，對社會徹底失望，自己一生無所作為。它們恰似兩根無形的繩索，纏繞在他的身上，尋不到解開的辦法，只有酒讓人消愁。

陶淵明喝酒不是貪杯，這與他的精神痛苦有關，微醉中產生恍惚，有了另外的體驗。那個隱藏身體深處的靈魂，終於得到釋放的機

會，壓抑頃刻間減弱，升起前所未有的快感。陶淵明在公元 409 年寫的《己酉歲九月九日》一詩云：

> 靡靡秋已夕，淒淒風露交。
> 蔓草不復榮，園木空自凋。
> 清氣澄餘滓，杳然天界高。
> 哀蟬無留響，叢雁鳴雲霄。
> 萬化相尋繹，人生豈不勞？
> 從古皆有沒，念之中心焦。
> 何以稱我情？濁酒且自陶。
> 千載非所知，聊以永今朝。

公元 409 年的一天雨夜，陶淵明坐在破茅屋中，望著屋簷下滴落的雨絲，在喝悶酒。

　　連日陰雨的天氣，雨滋潤大地上的萬物，陶淵明獨自喝酒，借酒解除沉積的苦悶。獨自閒居飲酒，蔓生無邊的孤寂感。酒有時作怪，在陰沉的雨夜，把死亡沉重的問題推到他的面前。他感漸覺衰老，想到這生的經歷，曾經為理想無成而焦慮地踏入官場，又逃出歸隱。在思索種種困惑，他想在生死的背景下，來解釋形影之苦。聽任自然的人生觀，其實，這種特點一直貫穿於他的整個生命中，早在公元 404 年，他就是在這種情況下寫出《連雨獨飲》：

運生會歸盡，終古謂之然。
世間有松喬，於今定何聞？
故老贈余酒，乃言飲得仙。
試酌百情遠，重觴忽忘天。
天豈去此哉，任真無所先。
云鶴有奇翼，八表須臾還。
自我抱茲獨，僶俛四十年。
形骸久已化，心在復何言？

在雨中的窗前，一個人喝酒。天空缺少月亮，地上自然不會有影子，只有碎雨小風相伴。酒杯是最好的朋友，只要捏起它，隨心意而飄出的酒香，就會把人帶入另外的世界。雨滴落聲，在無邊的黑暗滲出傷感，伸出窗子的手，積下一些雨水。一張開手，雨水順著指縫淌出，指頭未來得及相彈，時間已經流走。

　　他感受雨落掌中，酒卻在血液中燃燒，於是他拿起筆，寫出心裡的想法。

第十章

桃源之夢

一

　　義熙元年（公元 405 年），陶淵明「不為五斗米折腰」，切斷自己的後路，毫不猶豫地辭去上任僅八十一天的彭澤縣令。東晉王朝極端腐敗，內部各派互相暗算排擠，軍閥連年混戰，賦稅徭役繁重，加深對人民的剝削和壓榨。他憤怒不平之外，想保持自身的潔淨，只有一個辦法，那就是回歸自然。他不求多麼榮華富貴，不怕耕田的辛苦，只期望過上溫飽的生活。可他生不逢時，正是晉宋易代之際，統治集團的生活荒淫，國家動亂，他的遠大抱負如同吹在空中的肥皂泡，根本無法實現。東晉王朝的門閥制度，保護享有特權的高門士族貴族官僚階層，致使知識分子沒有施展才能的機會。陶淵明祖先的業績，此時一文錢不值，家境敗落成為普通的寒門，理想越來越遠，準確地說是一個泡影。

　　當年，劉裕採取陰謀手段，用毒酒殺害晉恭帝，自己又篡權奪位，這讓陶淵明感到震驚。從小接受儒家的思想，對劉裕政權的不滿，使他對現實社會充滿憎恨。他是一個詩人，又隱居田園中，面對殘酷無情的政治鬥爭，無力改變，只能靠文字寫出壓抑的情緒，寄託美好的理想。這一理想，濃縮在他的作品《桃花源記》當中：

　　　晉太元中，武陵人，捕魚為業。緣溪行，忘路之遠近。忽逢桃花林，夾岸數百步，中無雜樹，芳草鮮美，落英繽紛，漁人甚異之。復前行，欲窮其林。
　　　林盡水源，便得一山，山有小口，彷彿若有光。便舍船，從口

入。初極狹，纔通人。復行數十步，豁然開朗。土地平曠，屋舍儼然，有良田、美池、桑竹之屬。阡陌交通，雞犬相聞。其中往來種作，男女衣著，悉如外人。黃髮垂髫，並怡然自樂。

見漁人，乃大驚，問所從來。具答之。便要還家，設酒殺雞作食。村中聞有此人，咸來問訊。自云先世避秦時亂，率妻子邑人來此絕境，不復出焉，遂與外人間隔。問今是何世，乃不知有漢，無論魏晉。此人一一為具言所聞，皆嘆惋。餘人各復延至其家，皆出酒食。停數日，辭去。此中人語云：「不足為外人道也。」（「間隔」一作：隔絕）

既出，得其船，便扶向路，處處志之。及郡下，詣太守，說如此。太守即遣人隨其往，尋向所志，遂迷，不復得路。

南陽劉子驥，高尚士也，聞之，欣然規往。未果，尋病終，後遂無問津者。

這不是新聞特寫，也不是複雜的故事。陶淵明說東晉太元年間，武陵有個人以打魚為生。有一天，他和往常一樣，沿著溪水划船，不知為什麼竟然迷路。弄不清自己在什麼地方，恍惚間，出現意料不到的桃林，在小溪岸邊的不遠處是一片開闊地，細草平鋪，不時有野花浮現。漁人精神大作，對此感到十分奇怪。找不到回家路的心情，早拋到九霄云外，只想探究前面的村子，繼續往前走，走到林子的盡頭。

桃林在這裡別有一番用意，它的盡處是溪水的源頭，漁人發現一座小山。走到跟前，目光在山上巡視，找到一個小洞口，隱約地透出一縷光亮。漁人離開船，上岸後，從洞口走進去。一進入洞裡，陰濕

撲面而來，感到與外面兩種溫差。開始山洞狹窄，容得一個人過往。向前走了幾十步，心頭一震，發現這裡是世外桃源：平坦寬廣的土地，排列整齊的茅草房舍，肥沃的田地，秀美的池塘。桑樹成群，翠竹修長，田間縱橫交錯的小路。雞鳴狗吠的聲音，一聲落下，又一陣波起。安靜的田園情景，走來走去耕種的人們，男女的衣著穿戴，與洞外的人沒有兩樣。

村裡人看見到來的漁人，神情驚訝，熱情地詢問他是從哪裡來的。漁人面對樸實的鄉人，回答自己知道的事情。村裡人邀請客人到家裡去，擺上好酒，殺一隻雞，以隆重的禮節款待漁人。村子裡平時安靜，很少有外界的人打擾。聽說來了打魚人，紛紛過來打聽消息。鄉鄰們七嘴八舌，講述祖先躲避秦時的戰亂，攜家帶口的和鄉鄰們找到與世人隔絕的桃花源，從此不再出去，跟外面斷絕來往。鄉鄰們問現在是什麼朝代，他們生活在真空的地方，不知道有過漢朝，更別提魏晉兩朝。聽完外面的情況，他們感慨萬千。鄉鄰們排上號，邀請打魚的人到家中做客。

漁人在迷路中，無意中闖入村子，待過幾天後，便向村裡人告辭。村裡人和他說：「這裡的任何情況，不要對外面的人說。」漁人在村裡人指點下，找到了他的船，順著來時的路回去。打魚人沒有履行諾言，他離開桃花源，到了郡城，就去拜見太守，說了此番的經歷。太守一聽，覺得這可是件意外的大事情，立即派人跟他去，尋找回來時所做的記號。費盡千辛萬苦，失去所找的目標，再找不到通往桃花源的那條路。

南陽劉子驥是位讀書人，他無意中聽到這個消息，做出詳細的計劃，準備前往桃花源。可惜的是無法實現，他不久生病去世，從此以後，沒有探訪桃花源的人。

這個漁人在被一片鮮艷美麗的桃花林以迅雷不及掩耳之勢電擊之後，一路窮追不捨，終於找到了光。然後一個平展、開闊和坦蕩的地域就出現在了這個中國人眼前：分明是老子的理想，莊周的逍遙遊，陶淵明心中巨大的幸福，中國人的一個共同的靈魂棲息地。

這個明亮優美的世界，「土地平曠，屋舍儼然，有良田、美池、桑竹之屬。阡陌交通，雞犬相聞」。有個古樸寧靜的村落。「黃髮垂髫，並怡然自樂」。一個熱情好客的族群。「餘人各復延至其家，皆出酒食」。美酒佳餚，開懷暢飲，大快朵頤，應有盡有。這裡就是陶淵明的理想國。[1]

西晉的第二個皇帝晉惠帝司馬衷統治年間（公元 290—306 年），封建王朝中的後黨黨內不和，後黨與司馬氏宗室之間，司馬氏宗室內部爭奪權力。錯綜複雜的關係，尖銳激烈的鬥爭，導致不時發生武裝衝突，戰爭禍亂造成百姓流離失所。發動這些戰亂的司馬氏宗室有八個諸侯王：汝南王司馬亮，楚王司馬瑋，趙王司馬倫，齊王司馬冏，長沙王司馬乂，成都王司馬穎，河間王司馬顒，東海王司馬越。歷史上將這場內亂稱為「八王之亂」。

1　呂明光著：《田園將蕪胡不歸：陶淵明詩傳》，第 300—301 頁，天津：天津人民出版社，2011 年版。

公元 290 年，晉武帝臨終時交代後事，命弘農大姓出身的車騎將軍、楊皇后的父親楊駿為太傅、大都督，掌管朝政的事務。繼位的晉惠帝痴呆低能，不能獨立執行權力。他即位後，皇后賈南風為了讓自己的家族牢固掌握政權，於永平元年（公元 291 年）與楚王司馬瑋暗中串通，合謀發動禁衛軍政變。他們殺死楊駿，但政權卻落在汝南王司馬亮和元老衛瓘手中。賈后的政治野心化為泡影，未能實現自己的願望；六月的時候，又唆使楚王司馬瑋殺汝南王司馬亮，然後放風，誣陷楚王司馬瑋假傳皇帝詔書，擅殺大臣，將他處死。賈后終於如願以償，把政權攬入懷中，後來於元康九年廢太子司馬遹，第二年殺掉。諸王為爭奪中央政權，不斷進行內戰。

　　統領禁軍的趙王司馬倫，聯合齊王司馬冏起兵，殺死賈后。永寧元年（公元 301 年），趙王司馬倫廢惠帝自立。司馬倫篡位後，更濫封爵號，朝臣「眾心怨望」。被司馬倫排擠在許昌的齊王司馬冏，與有關的諸王積極密謀討伐司馬倫。鎮守鄴城的成都王司馬穎與鎮守關中的河間王司馬顒，同時舉兵響應。禁軍將領王輿不甘落後，也起兵反司馬倫，迎接惠帝重新復位，殺死趙王司馬倫。

　　齊王司馬冏以大司馬入京輔政，太安元年（公元 302 年）年底時，河間王又從關中起兵討司馬冏，洛陽城中的長沙王司馬乂也舉兵入宮殺齊王司馬冏，政權落入司馬乂之手。太安二年，河間王司馬顒、成都王司馬穎合兵討長沙王司馬乂。司馬顒命都督張方率精兵七萬，自函谷關向洛陽推進；司馬穎調動大軍二十餘萬，也渡河南向洛陽。二王的聯軍屢次為長沙王司馬乂所敗。次年正月，洛陽城裡的東海王司馬越與部分禁軍合謀，擒長沙王司馬乂，將其交給河間王司

馬顒的部將張方，被張方燒死。

成都王司馬穎入洛陽為丞相，但仍回根據地鄴城，以皇太弟身分專政，政治中心一時移到鄴城。「僭侈日甚，有無君之心。」東海王司馬越對司馬穎的專政不滿，率領禁軍挾惠帝北上進攻鄴城。蕩陰一戰，司馬穎派五萬軍隊迎戰，打敗進攻的司馬越，惠帝被俘入鄴，東海王司馬越逃往自己的封國。與此同時，河間王司馬顒派張方率軍占領洛陽，司馬越的弟弟、并州刺史司馬騰與幽州刺史王浚聯兵攻破鄴城，成都王司馬穎與惠帝投奔洛陽，轉赴長安。

永興二年（公元 305 年），東海王司馬越再一次從山東起兵進攻關中，擊敗河間王司馬顒。光熙元年（公元 306 年），東海王司馬越迎惠帝回洛陽，成都王司馬穎、河間王司馬顒後來相繼被其所殺，大權最終落入司馬越手中，由此八王之亂終結。

晉朝局勢可危，在這個時期的塞外眾多游牧民族，趁西晉八王之亂、國力衰弱之際，相續建立自己的政權，形成與漢人政權對峙，五胡乘勢而亂。東晉是不平穩的時期，北伐的軍事行動不斷，祖逖、庾亮、桓溫、劉裕等人都是身經百戰的東晉名將。在政局動盪不安的情況下，連年的戰亂，人民流離失所，讓憂心百姓生活的人更多了深深思考。陶淵明也是在目睹這樣的變幻之後，寫出這篇文章的。

他寫的這個故事，沒有什麼曲折的情節、跌宕起伏的懸念，並不是一部悲歡離合的大劇，卻讓很多人心嚮往之。日本學者一海知義指出：「陶淵明創出了烏托邦式的故事《桃花源記》，這正是他對使用

虛構手法創作感興趣的一個證據。」[2]這麼一個烏托邦式的故事，千百年來讓人們始終不忘，成為世代奮鬥的理想。王維七言樂府詩《桃源行》，以陶淵明的《桃花源記》為藍本，進行藝術的第二次創造，開拓詩的意境，突現獨特的價值：

> 漁舟逐水愛山春，兩岸桃花夾古津。
>
> 坐看紅樹不知遠，行盡青溪不見人。
>
> 山口潛行始隈隩，山開曠望旋平陸。
>
> 遙看一處攢雲樹，近入千家散花竹。
>
> 樵客初傳漢姓名，居人未改秦衣服。
>
> 居人共住武陵源，還從物外起田園。
>
> 月明松下房櫳靜，日出雲中雞犬喧。
>
> 驚聞俗客爭來集，競引還家問都邑。
>
> 平明閭巷掃花開，薄暮漁樵乘水入。
>
> 初因避地去人間，及至成仙遂不還。
>
> 峽裡誰知有人事，世中遙望空雲山。
>
> 不疑靈境難聞見，塵心未盡思鄉縣。
>
> 出洞無論隔山水，辭家終擬長遊衍。
>
> 自謂經過舊不迷，安知峰壑今來變。
>
> 當時只記入山深，青溪幾度到雲林。
>
> 春來遍是桃花水，不辨仙源何處尋。[3]

2　[日]一海知義著：《陶淵明‧陸放翁‧河上肇》，第 5 頁，北京：中華書局，2008 年版。

3　[唐]王維著：《桃源行》，引自北京大學中文系文學史教研室編：《陶淵明資料彙編》，第 15 頁，北京：中華書局，2012 年版。

一首好詩，絕不是隨意的抒發情感，恰似釀造的醇酒，讀後能令人陶醉。王維十九歲時寫的詩，這是一個老題材。散文改換成詩歌，絕不是語言形式的改變，而是對原作進行藝術的再創造。唐代大詩人李白，認為桃花源是神仙境界，他以讚歎的口氣，寫了《山中問答》：

> 問余何意棲碧山，笑而不答心自閒。
> 桃花流水窅然去，別有天地非人間。[4]

穿行於山間林木中，有一條流淌的小溪，水聲淙淙作響，岸邊有一塊平坦的石頭，李白隱居碧山，經常坐在上面讀書。春風惠暢的日子，山間的桃林掛滿桃花。風吹落的桃花，隨著溪水漂向遠方，恰似晉陶淵明的世外桃源。在恬靜的環境，它與詩人的心境融合，不是任何美景所能比擬的。

每個人對事物的看法不同，都有自己的道理。幾位詩人大讚《桃花源記》的時候，也有人覺得這個故事一般，沒有特殊吸引人的地方。那不過是陶淵明酒喝多而產生的一種幻覺，胡思亂想編造的文字，毫無多大的意義。唐代詩人韓愈《桃源圖》詩云：

> 神仙有無何渺茫，桃源之說誠荒唐。
> 流水盤迴山百轉，生綃數幅垂中堂。
> 武陵太守好事者，題封遠寄南宮下。

4　[唐] 李白著：《山中問答》，引自《唐詩》，第 127 頁，北京：中國少年兒童出版社，1999 年版。

南宮先生忻得之，波濤入筆驅文辭。
文工畫妙各臻極，異境恍惚移於斯。
架岩鑿谷開宮室，接屋連牆千萬日。
嬴顛劉蹶了不聞，地坼天分非所恤。
種桃處處惟開花。川原近遠蒸紅霞。
初來猶自念鄉邑，歲久此地還成家。
漁舟之子來何所，物色相猜更問語。
大蛇中斷喪前王，群馬南渡開新主。
聽終辭絕共淒然，自說經今六百年。
當時萬事皆眼見，不知幾許猶流傳。
爭持酒食來相饋，禮數不同樽俎異。
月明伴宿玉堂空，骨冷魂清無夢寐。
夜半金雞啁哳鳴，火輪飛出客心驚。
人間有累不可住，依然離別難為情。
船開棹進一回顧，萬里蒼蒼煙水暮。
世俗寧知偽與真，至今傳者武陵人。[5]

《桃花源記》受當時民間傳說的影響，蘊含深刻的社會意義，並且與道教的「洞天」觀念相關。另外佛學的「淨土思想」，也對《桃花源記》產生重要影響。

有人對「桃花源」的故事表示懷疑。也有一些較真的人，他們披

5　[唐]韓愈著：《桃源圖》，引自中國社會科學院文學研究所編：《唐詩選》，第176頁，北京：中華書局，2008 年版。

覽史料文獻，力證陶淵明的《桃花源記》並非虛幻的故事，它是有史可查，有人可證明，確有其事。宋武帝永初二年（公元 421 年），陶淵明五十七歲，他在《擬古》其二詩中寫到田子泰：

> 辭家夙嚴駕，當往至無終。
> 問君今何行？非商復非戎。
> 聞有田子泰，節義為士雄。
> 斯人久已死，鄉里習其風。
> 生有高世名，既沒傳無窮。
> 不學狂馳子，直在百年中。

東漢末右北平無終人田疇（字子泰），喜歡讀書，一手好劍法。二十二歲的時候，被幽州牧劉虞召在身邊為從事，曾經替劉虞出使長安，完成重大使命。朝廷任命他為騎都尉，他沒有接受。他認為天子還在外，安定不下來，怎敢受這種獎寵。

田子泰早年跟隨劉虞。後來劉虞和公孫瓚交鋒，他聽到此消息，騎上快馬急忙返回，還是晚到達一步，劉虞被公孫瓚殺害。田子泰不顧危險，到劉虞墳墓前祭拜，發出章表，哭泣著離去。田子泰去哭劉虞，公孫瓚聽說後，氣得暴跳如雷，下令抓捕田子泰。田子泰以理說人，公孫瓚覺得有道理，不忍心殺害，便讓部下放了他。

當時軍閥割據一方，混戰爭霸地盤。由於土地兼併越加尖銳，地主豪強招兵買馬，擁有自己的私人武力。政治黑暗和皇權虛弱無力，對地方過度地放權，造成群雄割據的局面。

田子泰在北平無終山裡，看到有平闊的地方，適合於隱居田園的生活。也許因為他的人品，這片土地少有人騷擾，許多人攜家帶口投奔過來。在田子泰的管理下，人們互敬互助，誠實友好。陶淵明在詩中說，他是「節義為士雄」。因此在《桃花源記》裡有田子泰的影子。在西晉末年，中國西北各地的人民，受不住異族暴政的統治，不少人逃到深山裡躲避起來。劉裕西征軍中的將佐戴延之，寫過一本《西征記》，記述過類似的事件。陶淵明了解有關情況後，下筆寫出《桃花源記》。不少研究者閱史查據，考察桃花源的真實性，得出的結論是桃花源故事確有其事。

「桃花源」在什麼地方，歷代都有人按圖索驥，下氣力考證，有人說在南方，有人說在北方，就連學術大師陳寅恪先生的結論，也未被多數人接納。王先霈教授曾專程偕我到陶淵明的故鄉，在江西九江縣、星子縣相關人士的協助下，先後探訪了東林寺、虎溪、東皋、斜川、柴桑橋、傳說中的陶淵明醉酒石、陶淵明陵墓，以及陶淵明紀念館等。星子縣退休的文化局長劉希波先生還特意陪同我們一路步行走進縣西廬山漢陽峰下的康王谷。此谷幽深古奧，谷口狹窄，兩廂山峰壁立，林木蔥蘢，谷中一溪，溪隨峰轉，溪側桃樹成林。山谷深處則有一小小村落，茂林修竹，茅籬草舍，野趣天成。劉先生介紹說，陶淵明居家離此不遠，生前肯定來過此谷，或由此創作出《桃花源記》。「康王谷」可以說是激發了詩人創作靈感的「原型」，所謂「桃花源」實乃文學想像的產物。由此觀之，還是沈德潛所言中肯：桃花

源「此即義皇之想也。必辨其有無，殊為多事」。[6]

學者魯樞元尋訪陶淵明筆下的桃花源，認為《桃花源記》不是紀實文章，但有現實生活的影子：陶淵明用虛構的故事，表達了他在現實生活中實現不了的願望。

二

吳門四家的仇英，生於明弘治十一年（1498 年），字實父，一作實甫，號十洲，江蘇太倉人，移家到吳縣（今江蘇蘇州）。

仇英是明代的畫家，與沈周、文徵明和唐寅被後世並稱為明四家、吳門四家、天門四傑。沈周、文徵明和唐寅三家以畫取勝，而且能賦詩句題跋。仇英的畫風獨特，畫上只題名款。仇英出身工匠，早年是一名漆工，兼做彩繪棟宇，後來從事作畫。他年輕時結識一些名家，相繼得到文徵明、唐寅器重。

仇英的《桃源仙境圖》，紙本重彩，33.0cm x 472cm，美國波士頓藝術博物館藏。這是一幅古老的經典題材。從兩棵松樹開始，將故事推向深處。坡岸畫面中的小溪，兩岸的桃花盛開，樹木茂密，溪流和桃花林嵌在山巒間。仇英調動色彩和線條，組合成不同的幾何形狀，既有統一又有區別的山勢向上鋪展。簡潔的手法，表現與塵世的距離。層巒疊嶂，林木和野草圍繞的深處，有一處山洞。一個手持船

6　　魯樞元著：《陶淵明的幽靈》，第 280 頁，上海：上海文藝出版社，2012 年版。

槳的漁人出現，摸索著向前方行走。

　　轉過山頭，眼前為之一亮，樹林、溪岸、田地、房舍、遠山、白雲隨小溪前行。山坳中有穿古服的人，大山掩映的房屋，林木繁茂，枝葉旺盛，阡陌交織，呈現一派世外桃源的恬靜。仇英以古雅的色彩，創作完成這幅傳世的名畫。青綠源自心靈，充滿強大的生命力。

　　陶淵明筆下的「桃花源」是一個眾所嚮往的理想之國，梁啟超先生稱其為「東方的 Utopia(烏托邦)」。這個理想是當時的政治環境下自然發生的，是民心所向，陶淵明也是其中一員。

　　再者，就當時的時代思潮來看，經學衰退，玄學興盛，學風由兩漢時期章句之學的刻板迂腐發展為魏晉時期通脫豁達。漢學重考據和訓詁，墨守家法師法 ；魏晉以來，「以老莊為宗而黜六經」，學風向著清新簡要、活潑自由的方向發展，出現了阮籍、嵇康、建安七子等這樣的風流名士。老莊之學隨之興盛，佛教也逐漸傳入中土被士人認識。在戰亂動盪的時候，消極躲避的思想便容易在人們中間發芽，大家不能在現實生活中獲得安寧，便投身於老莊玄學和佛教思想之中。這也是當時一些神話傳說興起流傳的原因。對於陶淵明來說也是如此。關於他的個人思想和信仰，古今聚訟不已，陳寅恪先生在《陶淵明之思想與清談之關係》中將陶淵明的思想歸為不「積極牴觸名教」「惟求融合精神於運化之中」 的新自然說，並且有信仰天師道教的家族傳統。[7]

7　　孫晨著：《陶淵明「桃花源」故事誕生的文化闡釋》，暨南大學碩士，2014 年論文。

《桃花源記》一問世，桃源故事便成為文人騷客常引用的典故。在唐代詩人的作品中，幾乎都能看到「桃花源」的字樣。唐代社會是文化繁榮時期，文人墨客自由，也為他們營造追慕仙道的環境，詩人們將桃花源仙化。唐代詩人們嚮往桃花源，自然之心，仙骨道氣。韓愈卻是另類，不與同道合流，他在《桃源圖》中指出一種新的理論：「神仙有無何渺茫，桃源之說誠荒唐。」[8]這是一記直勾的重拳，將人們眼中的聖境，一拳擊中面門。桃花源從神壇上跌落，隱逸仙境的霧紗散盡，回到現實之中。

這股批判的風暴，揭掉桃花源纏繞的仙氣，到了宋代不但沒有停歇下來，卻進一步發展。宋史專家鄧廣銘說：「宋代是我國封建社會發展的最高階段，其物質文明和精神文明所達到的高度，在中國整個封建社會歷史時期之內，可以說是空前絕後的。」在文學上，它是繼唐代以後我國文學史上，又一個繁榮時期。在大環境下，桃花源這個世外桃源，更成為文人騷客現實願望的寄託。王安石在《桃源行》中寫道：「兒孫生長與世隔，雖有父子無君臣。」[9]更具現實期待的詩句，向世人透露桃花源的現實意味，表現他對治國之道的深刻認識。蘇軾作為屢遭貶斥的詩人，在《和桃花源詩並序》，一語道破神仙故事的傳說：

世傳桃源事多過其實。考淵明所記，止言先世避秦亂來此。則漁

8　[宋]蘇軾著：《和桃源詩並序》，引自北京大學中文系文學史教研室編：《陶淵明資料彙編》，第36頁，北京：中華書局，2012年版。

9　[北宋]王安石著：《桃源行》，引自北京大學中文系史教研室編：《陶淵明資料彙編》，第24頁，北京：中華書局，2012年版。

人所見，似是其子孫，非秦人不死者也。又云「殺雞作食」，豈有仙而殺者乎？[10]

對於桃花源的質疑，在 11 世紀後期的文化人中形成潮流，陶淵明始終處於眾人注目的焦點，帶動「人世化」新的解讀。在這一波浪潮中，蘇軾是主要的代表性人物。他不是左右逢源的人，把桃花源看得現實，相反贊同陶淵明的認識。蘇軾眼中真實的桃花源，顯露他對生活的樂觀與期待。

三

錢志熙指出：「桃花源是淵明『黃唐之世』情結的幻想產物，桃花源社會的基本特點就是淳風美俗。淵明虛構的桃花源社會的心理動能來自於他對上古淳風社會曾經存在的信仰。」[11]陶淵明是特立獨行的人，他不會迎合主流文人的風氣。他要表現自己的思想品質，虛構的桃源社會，是他對上古樸素社會的信仰。這個社會早已失落，陶淵明始終相信，一定有他們的血脈遺傳下來。他在《桃花源記》的附詩中，列舉四皓避秦，說明桃源人物的行為：

> 嬴氏亂天紀，賢者避其世。
> 黃綺之商山，伊人亦云逝。
> 往跡浸復湮，來徑遂蕪廢。

10　同上，第 36 頁。
11　錢志熙著：《陶淵明傳》，第 162 頁，北京：中華書局，2015 年版。

相命肆農耕，日入從所憩。

桑竹垂餘蔭，菽稷隨時藝。

春蠶收長絲，秋熟靡王稅。

荒路曖交通，雞犬互鳴吠。

俎豆猶古法，衣裳無新製。

童孺縱行歌，斑白歡遊詣。

草榮識節和，木衰知風厲。

雖無紀曆志，四時自成歲。

怡然有餘樂，於何勞智慧？

奇蹤隱五百，一朝敞神界。

淳薄既異源，旋復還幽蔽。

借問遊方士，焉測塵囂外？

願言躡輕風，高舉尋吾契。

從《桃花源記》文到《桃源詩》，不是把文字分成行，改變一下形式，吸引人們的眼球。《桃花源記》中有遊仙的敘事，但沒有道教的神仙，也看不到儒家的君臣，它保留「黃髮垂髫，怡然自樂」的社會生活。桃源是現實生活的縮影，又有理想生活的嚮往。

社會風氣浮薄，而政治越來越骯髒，遠離正確的道路，即所謂「三五道邈，淳風日盡」。這種發展趨勢不見阻斷，至當年秦朝二世的暴政達到極點。商山四皓與桃花源的先人，為保持淳樸的人格，走為上策，選擇逃離。桃源先人帶領妻子兒女和鄉親們，來到和外界隔絕的地方，保持淳樸的社會。

塢是西晉發展起來的，相對城市而言體積小，人口不多。在當時北方的一些地方，它的重要地位比城市要大。它經濟上自給自足，周圍是防禦的軍事屏障。那時交通不便利，「北方城市荒蕪不發達，人民聚居田野、山間，唯依塢以務農自給，塢由此得以占據北方社會最重要的位置」[12]。北朝的時候，重視同姓氏的人，宗法在生活中占有重要地位，塢是宗族為主要的成分。《桃花源記》反映當時社會組織的生態情況和經濟生活的狀態：

　　《桃花源記》雖為寓意之文，但也是西晉末年以來塢壘生活的真實寫照。真實的桃花源應在北方的弘農或上洛，而不在南方的武陵。桃花源客居人先世所避之秦應為苻秦，而非嬴秦。《桃花源記》紀實的部分乃依據義熙十三年春夏間劉裕率師入關時，戴延之等所聞的材料寫成，《桃花源記》寓意的部分乃牽連混合劉驎之入衡山採藥的故事，並點綴以「不知有漢，無論魏晉」等語寫成。今試證之。[13]

陶淵明講述幻想中神仙的故事，而不是白天做的夢。桃花源中的人們不是神，從衣著看上去，就是普通的人。神仙們不需要柴、米、油、鹽、醬、醋，他們能在雲中來霧中去，來往自如，這類事情在桃花源看不到。神仙不用躬耕大地，面朝黃土背朝天，在土裡討生活。他們能長生不老，天上地下隨心所欲，沒有生死和悲歡離合的情感。

12　陳寅恪著：《陳寅恪魏晉南北朝史講演錄》，第 124 頁，貴陽：貴州人民出版社，2012 年版。

13　陳寅恪著：《陳寅恪魏晉南北朝史講演錄》，第 125 頁，貴陽：貴州人民出版社，2012 年版。

在現實社會中人走出家門，要換一副面具，政治舞台在上演篡權奪位的大戲。陶淵明的桃花源是世外，這兩個字分量重，蘊含豐富的意義。這裡人與人是平等的，不需要爭奪權勢的改朝換代，一派和平的景象。

桃花源長幼有序，不分貴賤高低，是沒有階級的社會。魏晉是中國歷史上政權更迭頻繁的時期，長期的封建割據和不斷的戰爭，讓人民飽受戰爭之害，流離失所，人們期盼理想中的桃花源。畢竟在這樣的世界裡，百姓可以安居樂業，不必為生計焦心，沒有戰爭帶來的殘殺和掠奪。

桃花源處在自然風光中，這是一個人際和諧的社會，人與自然相互敬畏。桃花源不是真空的世界，它未脫離大自然，是按人類的理想建造的田園社會。

陶淵明一生，經歷那麼多的事情，即使有滿腹才華，也不能為社會服務。從少年立下遠大的志向，只有用文字描寫出來。他的思想和精神，在每個字的內核中向外輻射，發出青銅般的回音。一切都是詩人的想像，但不是憑空編造的。

亦真實，亦虛幻，在兩者間，桃花源成為縹緲的神仙幻想的故事。陶淵明採用特殊的方式，向現實社會表達自己的失望，還有強大的批判。

由於羊松齡的入秦，陶淵明可能得到一些關中類似桃花源的見聞。戴延之隨劉裕入關，著《西征記》，就有這樣的一些記事。大概

在西晉末年不能遠徙的北方人民為了逃避異族的壓迫，就找一些平曠而與外隔絕的地方避難。這也就是《桃花源記》中所謂避秦時亂的現實基礎。因為晉時又流傳劉璘之入衡山採藥失路的故事，劉璘之即《桃花源記》中的劉子驥，陶淵明大概把聽來的關中見聞和這故事作為了《桃花源記》創作的張本。所以，《桃花源記》的創作時代大概也就在這一二年中。《桃花源記》後的詩同樣提到四皓，正和《贈羊長史》中所聯想的差不多。《桃花源記》代表陶淵明的空想社會主義的政治理想，他希望的乃是一個「秋熟靡王稅」的沒有剝削的社會。這是陶淵明較成熟的政治理想的結晶。「問今是何世，乃不知有漢，無論魏晉」，更說明陶淵明是經過幾度政變後的厭倦，他想逃避，而逃避到這樣的烏托邦了。[14]

陶淵明的家族衰敗，他在官場沉浮，受盡人間的冷暖。他清醒地認識到，廢除嚴格的等級劃分，沒有採取官吏制度，人與人必須平等相待。陶淵明在桃花源中，拒絕權力的干擾，遵守中華古老的傳統長幼有序。桃花源裡風光優美，生活自由而安靜，看不到大規模工商業的影子。

自先秦至魏晉以降，無數的知識分子對中國社會提出尖銳的批判，很少有人提出建立新的制度。陶淵明創造理想的社會，這和別人一味的批判不同。他借用虛構的手法，塑造一處「世外桃源」。這是無望的希望，即使說出來，也不可能實現，人們仍然不想放棄危險的思想。陳寅恪指出：「在紀實上，《桃花源記》是塢壁的反映；在寓

14　李長之著：《陶淵明傳論》，第 101 頁，天津：天津人民出版社，2015 年版。

意上，《桃花源記》是陶潛思想的反映。」[15]陳寅恪梳理桃花源的形成脈絡，沿著陶淵明的文字，如同一個考古者，探查出創作的原形的成因。他不認為桃花源是浪漫的抒情，而是陶淵明的思想表現，順著這條路線勘查，圖像越來越清晰。

大山形成天然的屏障，一隻船把漁人送到彼岸，開始他的發現旅程。這樣的兩個社會，有一道無法跨越的鴻溝。他深知難以實現桃源的理想，一個世外是夠沉重的，不抱任何希望。他一生追求的遠大志向、樸素的人生嚮往，停留在幻想的境界中。他在清醒的理智中，創造出世外桃源。

15　陳寅恪著：《陳寅恪魏晉南北朝史講演錄》，第 127 頁，貴陽：貴州人民出版社，2012 年版。

第十一章

夕陽晚照

一

陶淵明年近五十，這個年齡的人思想發生變化，死亡潛伏在身邊，隨時可以突然出現。想到自己的一生經歷，讀了一輩子的書，閱歷無數，認識到在這個世界上沒有永恆的東西，一年四季，發生不同的更替，生生死死是人之常情。

五十歲前後，陶淵明對生死的思考較多，歸隱以後，很長時間遠離官場，心情比較平和，不必要受世事紛擾，思想矛盾比較少。五十歲時徹底地歸隱，由於缺少額外的收入，依靠聽天由命的幾畝薄田，生活遭遇困難。生命一天天衰老下去，每天喝酒度日，有時甚至無錢買酒。一個人在鄉間的小路上，看著周圍的眾山景色，天空中飛翔的鳥兒，目光撞在大山上彈射回來。他感覺前途迷茫，自然憂傷漸多。在此期間，《雜詩十二首》中有幾首此間寫出的。陶淵明在其中流露的情緒明顯：

昔聞長老言，掩耳每不喜。
奈何五十年，忽已親此事。
求我盛年歡，一毫無復意。
去去轉欲遠，此生豈再值。
傾家持作樂，竟此歲月駛。
有子不留金，何用身後置。

陶淵明看似平淡，其實是感情濃烈的人，「唯其如此，人們也就高度

重視愛情、婚姻和家庭，關心子女；同時又高度關注疾病和死亡，深入考慮如何安排後事。這些內容大踏步地進入文學創作，形成一道特別的風景」[1]。陶淵明回憶年輕時的日子，想找那時的歡樂，可是記憶產生的矛盾，時間記下的東西無法憶出來，找不到一點蹤跡。對於昔日的情景，越想越想不起來，時間不知不覺流淌，鬢髮悄然變白，人也老去。無法返回到青春，他傾盡所有，不給子女留太多的財富，不必為身後置辦家業，讓他們自己尋找生活的手段。陶淵明《雜詩十二首》，其第七首詩中又說：

> 日月不肯遲，四時相催迫。
> 寒風拂枯條，落葉掩長陌。
> 弱質與運頹，玄鬢早已白。
> 素標插人頭，前途漸就窄。
> 家為逆旅舍，我如當去客。
> 去去欲何之？南山有舊宅。

人老了，腳步都不靈便，一條小溝橫在前面，過去不費力氣，抬腿邁過去。現在思量半天，測量大約距離，才下決心跨越過去。在人生這條老年的路上，有眾多的老人行走，他們孤獨無語。這時，他們只是望著天空上的雲絮，不甘心這樣耗費生命。回憶是厚重的大書，拈開一頁，看到從前的自己，那時身體中蘊藏激情，有不怕輸的勇氣。現在老態龍鍾，味蕾退化，吃什麼不如過去香，胃口也大不如從前。生

1　顧農著：《熱烈地愛平靜地死》，原載《隨筆》，2013 年第 6 期。

活節奏慢下來，預示一代人的退去。有時參加親人、朋友的葬禮，他們相繼離去，似乎看到了自己的將來。老人的心情，那種孤單和寂寞，年輕人無法理解。

讀書、求仕、辭官、歸隱，這是陶淵明的人生蹤跡。他一生不得志，如今年老生活在貧困的狀態，仍然沒有改變，更談不上理想，人生有太多的遺憾。

太陽啊，月亮啊，為什麼不肯放緩腳步，是因為春夏秋冬，一年四季不停地催迫。寒冷的風，吹拂枯槁的枝條，落葉脫離枝幹，在空中悠然飄落，將長街鋪滿。老年人的身體，和轉季的落葉一樣，肌體衰頹，臉上現出老年斑，兩鬢生出白髮。人到這個年齡，時間是有限的，沒有心思想未來的樣子。家是人生的旅店，每個人都是離開的住客。我將要去什麼地方？南山上有陶家的墓園，那是最終的歸宿。

二

陶淵明移居南村後，生活境況沒有大改變，而是越來越差，由於年齡大，身體狀況不如從前。小病經常不斷，躺在床上，透過窗子向外望，藍天有白雲在游動。這麼好的時光，不能出去行走，吃的湯藥比喝的酒多，他感覺離開人世的日子不遠。寫了一篇帶有遺書性質的《與子儼等疏》，自述年過五十，「疾患以來，漸就衰損。親舊不遺，每以藥石見救，自恐大分將有限也」。這個時期，流露憂傷的情緒。

陶淵明告訴孩子們，上天給每個人生命，終有一天必定死去。從

古至今的聖賢，他們都不能避免死亡。記得子夏說過：「死生有命，富貴在天。」他是孔夫子四友之列的人，肯定要面對面地接受孔子的教導。他的這一言論，告訴孩子們不要貪慾，富貴不可妄自追求，壽命是上天給的，不能想多得到一些。

陶淵明說已經年過五十，少年時窮苦，家貧為了生存下去，吃飽肚子，不得東奔西走。他和孩子們說，自己性格耿直，不會強顏歡笑地應酬，必然惹著一些人，產生不必要的矛盾。在這樣的情況下，看別人的臉色活著，不如辭去官職過隱居生活。保持人的風骨是高尚的事情，但家中生活缺少保障，你們從小就過著貧困的生活。我被王孺仲賢妻的話所感動，蓋著破棉絮抵擋寒冷，不因為兒子過著苦日子而感到慚愧？遺憾的是當初我外出求官時，鄰居中沒有求仲、羊仲那樣的高士，又缺少老萊子那樣的妻子來勸阻。想起這些事，內心痛苦無邊，實在是慚愧。

陶淵明與妻子情深意篤，讓他在家中有溫暖。李延壽在《陶潛傳》中說：「其妻翟氏，志趣亦同，能安苦節，夫耕於前，妻鋤於後。」[2]夫妻同是一條船上的人，但不是任何事都能溝通。妻子不理解丈夫為何厭惡仕途，不肯固執地為官，使家境如此的貧窮。

「但恨鄰靡二仲，室無萊婦，抱茲苦心，良獨內愧。」在《與子儼等疏》中，陶淵明說過，鄰居間很少有東漢隱士蔣詡、羊仲和求仲一樣志同道合的朋友。現在說起來，家中缺少老萊子妻子那樣可以理解丈夫的好妻子。老萊子是春秋時有名的隱士，德高望重，遠近聞

2　[唐] 李延壽著：《陶潛傳》，《南史》卷七十五《列傳》第六十五《隱逸上》。

名。楚王為請其出山，親自前往，老萊子推託不過，覺得必須給楚王點面子，準備答應下來。關鍵時刻妻子在一旁說：「食人酒肉，受人官祿，為人所制也，能免十愚乎？妾不能為他人所制。」老萊子感到十分有道理，決定聽從妻子的意見，婉言拒絕楚王邀請，他和妻子隱居江南。

陶淵明這樣說，不是說妻子不好。事實上，他歸隱之後，他的妻子還是很理解他、支持他的。所以李延壽在《南史·陶潛傳》中說：「其妻翟氏，志趣亦同，能安苦節，夫耕於前，妻鋤於後。」他只是遺憾他出去為官時，鄰居和妻子都沒有阻止他，以至自己「誤入塵網中，一去三十年」。

少年時學習琴和讀書，也喜愛安靜。打開書卷，從中學到好的東西，高興得忘記吃飯。樹木枝葉茂盛，投下一片陰地，時節的不同，鳥鳴聲不一樣。初夏時節，躺在北窗下，小風吹來，猶如一陣仙氣。自以為是生活在伏羲氏以前的人，認為自由自在的生活可以保持下去。時光流淌不息，逃避官場投機取巧的事，然而追念以往的情形，覺得此生無可留戀。

陶淵明說生病以來，感覺一天天衰弱，親朋故舊不嫌棄，時常討來偏方，用藥石給我醫治，想一想生死期限不遠。你們從小未享到福，出生在貧困家中，過早地承擔打柴挑水的勞動。作為父親，面對這種局面，有什麼話好說的呢？你們幾個，雖然不是一母所生，應牢記「四海之內皆兄弟也」，互相愛護和幫助。古時鮑叔、管仲分錢財，誰多誰少都無怨言。歸生和伍舉在路邊鋪上荊條，坐下暢敘舊

情。管仲被俘以後，靠鮑叔推薦才完成事業；伍舉奔鄭，經歸生幫助，得以返國建立大功。不是一個姓的人能如此，況且你們是同父親的兄弟。穎川的韓元長是漢末名士，他身為卿佐之官，八十歲才去世。他兄弟們居住在一起，不分家直到去世。濟北的氾稚春是晉代有操守的人，七代不分家，家中人都沒有說出不同的意見。我們做不到那樣，必須真心實意地學習他們。

陶淵明是一個普通人，在他的內心深處，深愛家人和孩子們。晚年他回味已久，因為自己歸隱田園，不在外做官，使得兒子們跟著受苦。想這些事情，內心鬥爭激烈，但不能為此改變人生志向。

三

陶淵明的晚年，主張每個人應該有志向，不強求和自己志趣相同，也不怨恨朋友們一個個去做官。知交半零落，他畢竟感到孤獨，「萬族各有托，孤雲獨無依」。孤獨是影子，陪伴他度過，坐在門前的樹下，感受野地刮來的風，想起難以實現的理想。

人至老年，回憶過去的事情，這樣得到一些安慰。他知道不會活得太久，心中難以平靜。想念和朋友們在一起的日子，一壺濁酒，一杯酒，蕩盡滿肚子的愁緒，酒盡餘歡，留戀人生，他在孤獨中煎熬。陶淵明在《飲酒》第九首詩中說：

清晨聞叩門，倒裳往自開。
問子為誰歟？田父有好懷。

壺觴遠見候，疑我與時乖。

「襤褸茅簷下，未足為高棲。

一世皆尚同，願君汩其泥。」

「深感父老言，稟氣寡所諧。

紆轡誠可學，違己詎非迷？

且共歡此飲，吾駕不可回。」

清晨的時候，這麼早聽到有人敲門。天際未亮透，屋子裡一片黑暗。陶淵明摸黑穿衣服，什麼看不清楚，急忙中衣服穿顛倒了。拜訪的人來得太早，他沒有起床，聽到一陣敲門聲。

一個鄉親來敲門，他看到眼前陶淵明的現狀，你這是什麼呀？衣衫襤褸，住在破茅屋下，算不上高尚的隱居者。人家都去做官混出個名堂，榮光耀祖，你為什麼不去官場混？陶淵明感謝父老鄉親的好心，他的生性孤獨，與人合不來。如果硬著頭皮做官，也能做到。但那樣違背個性，又會陷入另一種痛苦中。陶淵明爽快地說，我願意與老鄉樂呵地喝酒，絕不能重返官場。

陶淵明感受孤獨，以寫詩解壓情感，其原因還是一生不得志，「前途當幾許，未知止泊處」。老年貧病交加，衣食的來源無望，窮困艱苦的生活，逼得他幾乎維持不下去。有一天，他不得不去乞討，《乞食》一詩寫道：

飢來驅我去，不知竟何之。

行行至斯里，叩門拙言辭。

主人解余意，遺贈豈虛來。

談諧終日夕，觴至輒傾杯。

情欣新知歡，言詠遂賦詩。

感子漂母惠，愧我非韓才。

銜戢知何謝？冥報以相貽。

元嘉三年（公元 426 年），陶淵明六十二歲。五月的時候，他已經幾天沒有糧食可吃，餓著肚子躺在床上。江州刺史檀道濟探望陶淵明，力勸他出仕，好心好意地說：「賢者處世，天下無道則隱，有道則至，今子生文明之世，奈何自苦如此？」陶淵明雖然在病中，卻爽直地回答：「潛也何敢望賢，志不及也！」他看透一切，還出來做什麼？之後，他拒收此人送來的糧食和肉，晚年的態度堅決。寧可出去乞討，絕不接受官僚和貴人因為可憐而恩賜的食物。

陶淵明有過討飯經歷，步履蹣跚的老年，應該在家享清福頤養天年。他是個普通的人，聽天吃飯，收成不好的時候，一家人的溫飽成問題。有一天，他衰老的身體餓得實在不行，快要支撐不住，只得走出家門，去外面尋找果腹的食物。

至於去哪兒，找什麼吃，腦子裡一片空白。陶淵明憑著感覺走，來到一個村莊，敲響一家的柴門。聽見有人叩門，主人推開柴門，看著他有氣無力的身子，不用多說話，就明白他是餓過頭，認出他是大詩人陶淵明。主人熱情地將他請進屋子，端上酒菜，款待年老的詩人，兩人暢飲一天。

此時的陶淵明人老體弱，不是來朋友家做客，而是為了填飽肚子，出來要飯吃的。好客的主人聽說過詩人的大名，終於有機會見面，自然對崇拜的偶像好心招待。

　　一個人在生活中遭受了不幸，壓抑，痛苦，往往就要借酒澆愁。何為愁？就是現實生活所強加的有形無形的束縛，是時時都有的外力壓迫，更有恐懼。這種種後果想要掙脫，藉助於酒雖然不能從根本上改變，卻可以給人以即刻的緩解和援助。酒給人放鬆和幻覺，給人一種所謂的麻醉，而此時麻醉掉的主要是那根社會的神經。沉澱在生命底層的自由元素被解放，這個過程是極其痛快和暢達的。陶淵明有一些情緒的表達，有一些境界的體味，似乎很需要求助於酒。[3]

　　酒越喝越多，感情伴隨酒的燃燒，兩個人越談越投機，飢餓和貧窮，早已飛到九霄雲外。陶淵明感謝填飽肚子，喝到痛快的酒，又結識一個相見恨晚的朋友，他寫下「感子漂母惠，愧我非韓才」。感謝友人漂母般的恩惠，可是慚愧得很，我卻不是韓信，不似他有那麼大的才能，這輩子無能力報答，只有把感激之情深藏。漂母是在河岸漂洗衣物的老婦，她是給韓信飯吃的恩人，韓信曾經許諾有朝一日必當回報。有遠大理想的韓信，後來做了大官，果然信守諾言相報。陶淵明的生命有期限，不可能和年輕時韓信一樣，馳騁疆場有所建樹。他的心平靜，大悟中飽含辛酸。

　　宋代的大詩人蘇軾讀陶淵明《乞食》一詩後，心情十分難受，他

3　　張煒著：《陶淵明的遺產》，第92—93頁，北京：中華書局，2016年版。

動情地說：「此大類丐者口頰也，哀哉！哀哉！非惟余哀之，舉世莫不哀之也。」[4]《乞食》反映陶淵明晚年生活的窘困，出門乞討對於一般人，實在是沒有辦法的情況下採取的最後出路。尤其陶淵明這麼大的詩人，在文壇上功成名就，不顧臉面乞討一口飯食，維持生存下去。他不僅沒有感到恥辱，反而懷著感恩的心情，用詩歌記錄下來。

陶淵明的《乞食》詩寫於他去世的前一年。歸園田之後，作為一個農人，他的生活相當艱難。在很多詩中，陶淵明都對自己的窘境直言不諱，只是他安貧固窮，雖然也不免嗟嘆，但始終不後悔自己辭官的選擇。

對於陶淵明的乞食，歷來詩人多所感慨。除了唐代王維非同道中人的嘲諷以外，其餘如蘇軾、陸游、黃庭堅等，都對陶淵明心有感感。其實，不獨陶淵明有過乞食之事，杜甫、黃庭堅等詩人也都曾有過。

還是蘇軾題於陶淵明《乞食》詩後的那段話說得好：「飢寒常在身前，聲名常在身後。二者不相待，此士之所以窮也。」這段話對於陶淵明和杜甫而言，真是千真萬確。

尤其對於被簡單化為「田園詩人」的陶淵明，很少有人知道他恬淡閒適背後的窘迫與辛酸。《乞食》詩中的陶淵明，可不哀哉。[5]

為了吃一口飯，逼得陶淵明走投無路，他也未彎下腰，低下高傲的頭

4　[宋] 蘇軾著：《東坡題跋十七則》，引自《津逮祕書》本，卷一。
5　三書著：《史上最「雅」的乞食——陶淵明的〈乞食詩〉》，原載《新京報·書評週刊》，2014 年 4 月 23 日。

顯，不接受官宦們賞賜的食物，便是對此最好的證明。

「不為五斗米折腰」不是胸前的徽章，標榜自己的清高，它是陶淵明的思想支柱，獨立不羈的人格。他躬耕與泥土打交道，身上有高尚的氣質。晚年貧困交加，內心充斥複雜的鬥爭，突現出對生命孤獨的體驗，但他仍堅守理想人格的追求和與士族社會決裂的決心，這便是豁達的人生態度。

第十二章

最大的後事

一

　　宋文帝元嘉四年（公元 427 年）十一月，陶淵明六十三歲時，在寂寞中辭世。臨死之前的兩個月，他創作《自祭文》《擬輓歌辭三首》。這是最後的絕筆，平淡之中，顯示特殊的力量。

　　丁卯年九月，已經是秋天，漫長的秋夜，一派蕭條冷落的景象。大雁編排隊形，向溫暖的南方遷徙，尋找過冬的地方。陶淵明知道將要辭別人世，去到永遠的安居地。他在詩歌中說，這是告別的儀式，親友們懷著悲哀的心情，來向我的亡靈祭奠，陪護送最後一程。在案上供上鮮果和食物，在杯中斟上清酒，不至於在路上口渴和寂寞。那熒熒的光亮逐散黑暗，看著我的容顏，五官還是變化不大，只是沒有生命的溫度。酒香在屋子裡飄散，卻聽不到我喝酒的聲音，我的說話聲。一撮光亮映入，案上的供品和黑暗，構成壓抑的氣氛。

　　茫茫的大地，遼闊的天空，你們生育世間的萬物，我來到這個世界上。自從我出生以來，家境處在貧困之中，裝飯的筐、盛水的瓢，經常乾淨如洗過一般。寒冷的冬天，外面飄落雪花，屋子裡無暖氣，穿著夏天的葛布衣服無法禦寒。

　　儘管生存的環境惡劣，可我仍苦中作樂。心情歡快地去山間取水，背著打回來的柴火，一邊走路，一邊唱歌。在簡陋的茅舍中，家庭的溫馨，讓我享受到親情的愛，一天到晚忙個不停。

　　一年四季，從春天耕種開始，到秋天收穫的季節，總是在勞作中度過。閒時捧起喜愛的書籍，心中靜下來，讀一段心儀的文字。偶爾

彈起琴絃，讓纖細的琴絃，淌出清水般的樂曲。冬天的時節，屋子裡進的陽光少，不如蹲在牆根晒太陽，讓溫暖浸到身體中。夏天用泉水洗淨勞動的塵土，減輕疲勞，一天的辛勤耕作，不敢偷懶，心情愉悅自在。

　　或許陶淵明最引人注意地形塑後代讀者對其的觀念是通過虛構性地採用逝去的詩人口吻來寫作。在《擬輓歌辭三首》和《自祭文》中，陶淵明從自己作為逝者的角度談及他的死亡。在《擬輓歌辭三首》中，「逝者」卻是清醒的詩人，他深思著死亡，描述著他的家人、朋友哀悼其死，談論送殯下葬。儘管這組詩歌的大部分在關注陶淵明對死亡的冥思和葬禮的想像性戲劇場面，但是悼文還包括對其逝世的深思和對其生活和性格的記述。《自祭文》（四二七）是陶淵明的獨創，這與以逝者口吻寫下的葬詞《擬輓歌辭三首》不同。祭文通常由另外一人為逝者所作。在祭文中，作者描繪逝者的生活、事蹟和（或）其性格。通過為自己寫祭文，陶淵明做出了如何讓未來的讀者理解自己的強有力聲明。儘管陶淵明以《自祭文》為他的自傳項目作結顯得很適合，但是這也暗示了他想為自己在後代的接受中蓋棺論定的意圖。在祭文中，對他生活和性格的描述指向一對概念：安於貧窮和堅決退隱。陶淵明繪聲繪色地對其貧窮加以描述（這包括運用一行接近《五柳先生傳》的語句來描述其經常的飢餓狀態），這使得他不容置疑的自滿聲明尤其引人注目。[1]

1　　[美]田菱著：《閱讀陶淵明》，第 188—189 頁，台北：聯經出版事業股份有限公司，2014 年版。

每個人都愛生命，追尋自己的理想，唯恐一生做不出成就，珍惜每一寸光陰。人生前積善成德，多做好事，為人們所尊重，死後被世人思念不忘。可惜的是我個人性格的原因，由著自己的性子，獨行不會與人應酬。我不以一時走進官場為榮，與髒亂的社會同流合汙。身居一間陋室，一身的傲骨不可能消滅，痛快地喝酒，激情飽滿地作詩。我聽從命運的安排，對什麼都無所謂，若今天這樣死去，沒什麼遺恨。人至老年，還是留戀歸隱的生活，人有一死，又有什麼值得留戀？

死亡是一件莊嚴的事情，它不同新生命的出生。這個悲痛的離別，特別引起人們的同情。清晨的時候，親人們追悼，好友們披星戴月地前來奔喪。在哀思中把我葬在荒野，停止思想，生命的溫度已經消散。不需要為了生活奔波，回歸大地的靈魂得以安寧。我走向另一個世界，蕭瑟的風吹拂墓門。宋國桓魋那樣奢侈的墓葬是羞恥，漢代楊王孫簡陋的墓葬讓我感到可笑。我是死去的人，不需要堆多麼高的墳，棺木窄小的空間，待在裡面憋悶；也不要在墓地邊上種上樹，阻擋遠去的視野。在這裡沒有爭功奪利的慾望，哪個人會為死者歌頌？人世間的道路艱難，人兩眼一閉，死後又能如何呢？

淵明仍然以死亡為必然的歸宿，生為逆旅，死為本宅。雖然這裡仍有一種延想，從對臨死的描寫中，我們看到，淵明對於死亡，已經沒有恐懼情緒了。這是極大的成就。他成功地將自身的死亡作了理性的關照，將它看作是無數件發生過的和發生著的自然萬物變化中的一件事。淵明的這種行為可以抽象為這樣一個哲學的觀點：將主體的死亡客體化。

淵明的《自祭文》，也是他為自己寫的又一篇自傳。本來淵明文學的基本性質就是自述，「顧著文章，以示己志」，是淵明文學創作總綱。與別人的文學常常侷限於表現生活的片斷，甚至只寫瑣細生活情態不同，淵明對於自我的表現是整體的，他總是將自己目前某個具體的生活片斷、當刻的生命感受，放在整個生命中來加以表現。因此，他的文學的表達方式又常常是追憶式的。在迎接生命的終點時，他對自己的一生作了一次總的追憶，為其自述與追憶的文學劃上了一個圓滿的句點。

如果將整個人生看作是一個走向死亡的歷程，那麼出生就是它的第一步。在人生的盡頭，詩人陶淵明正是以這樣的方式來做生涯追憶的。[2]

陶淵明在《自祭文》的開篇，由近向遠推進，寫出內心的淒婉。畫面充滿憂傷的調子，深情地告別，對家人，對這個世界。已經是深秋，夜晚的寒風颳得恣意，落葉在飄落，草木褪盡綠色，浸出枯黃的斑痕。南飛的大雁發出幾聲哀鳴，撕破夜的安靜，使人的心震顫。一個人感覺死亡的逼近，聽到它的腳步聲，大限期已到。這是何等的勇氣，不是每個人都可能有的。陶淵明不是寫詩作賦，憑想像創作虛構的文學作品。這些文字和他的思想血脈相通，形成真實的詩人。

陶淵明躺在病床上，清冷侵吞病弱的身體，他起身下地，走出屋門的力氣都沒有。窗前有葉子墜落，在空中飄動，向母樹做最後的告別，瞬間在眼前消失。他想挽留這枚葉子，撫摸每一條紋絡，讀樹的

2　錢志熙著：《陶淵明傳》，第 244—245 頁，北京：中華書局，2015 年版。

文字，尋找生命的蹤跡史。一枚樹葉是時間的斷片，它濃縮樹的情感和思想。每一片葉子，彰顯生命的形象，打開它，看到記憶的往事和本源。也許他們每天相見，它曾經給他帶來快樂的心情。觸情生景是最準確的詞語，表現他的情感。在要離開人間的時候，回憶自己的一生，只能感嘆一聲，深藏沉重的東西。窮也好，富也好，幾十年走過來。清素培育淳真之心，生活的窘困，未改變他的精神操守和對人生的熱愛。

已經聽到死神無情的召喚，陶淵明沒有反抗的能力，躺在床上，身體如同飄墜的落葉，一雙腿失去彈性，枯萎起來。心依然嚮往大地，詩猶如鳥兒一樣自由地飛翔。此時想像的翅膀，被病魔剪掉，惶恐與悲哀的潮水退盡，平靜地面對現實。《擬輓歌辭三首》是陶淵明的絕筆，臨終前，詩人未沉陷在絕望中，語調不落半點哀境，似乎講述別人。酒香如同燃盡的火焰，只要一點風兒，就能吹熄滅。

《自祭文》是陶淵明的告白書，文中所展示的平生，瑣碎中見平淡，沒有官場中前呼後擁的景象，這是他引以自豪的人生，寫出特立獨行的精神。

陶淵明淡泊一生，面對各種誘惑的慾望，他都能拒絕，過著貧窮的生活，這是常人難以經受的考驗。人有出生，必然有死亡。無論長短，生命最終會去向何處？死亡之後，身體回到泥土中，依偎大地深處，不必因為留戀人世而悲傷。生命不在長短，而是應該怎樣度過。不要在活著的時候，做些違背自己心願的事，到時一定遺憾。他對死亡的思考集中地表現。

東晉義熙九年（公元 413 年），陶淵明四十九歲，他寫出《形影神三首》，其一《形贈影》中寫道：

　　天地長不沒，山川無改時。
　　草木得常理，霜露榮悴之。
　　謂人最靈智，獨復不如茲。
　　適見在世中，奄去靡歸期，
　　奚覺無一人，親識豈相思。
　　但余平生物，舉目情淒洏。
　　我無騰化術，必爾不復疑。
　　願君取吾言，得酒莫苟辭。

不論高貴低賤的人，都愛惜自己的生命。人的一生忙碌，就是為了生存下來。陶淵明講述「形和影」的苦惱，天地是永久的，山川不可能有大的改變。草木循著季節變化，而人呢？突然逝去，不可能再回來。在佛教興起之後，佛教徒宣揚形滅神不滅的理論，靈魂永恆的唯心思想。慧遠曾指示他的弟子道秉去江東，請受佛教影響的謝靈運制銘文，以便充刻石。他就是在這樣的背景下，創作出了《形影神三首》。

清代學者馬璞曾經感慨地說道：「淵明一生之心，寓於《形影神》三詩之內，而迄未有知之者，可嘆也！」陶淵明崇尚道家的自然思想，他在小序中已經說得很清楚。他認為有錢的沒有錢的人，不論貧窮和富貴，都在想盡辦法延長生命，其實是一件糊塗的事。他對形影的重大問題苦惱，用神去辨明自然的道理，解除眾人的疑惑。

二

縱浪大化中，不喜亦不懼。

應盡便須盡，無復獨多慮。

從詩中，表明陶淵明作為詩人的胸襟氣魄，在面對死亡時，沒有一點退卻，豁達而坦然。

人年輕的時候，身體健康，對生活充滿美好的想像和奮鬥。身體裡貯藏激情的活力，在生活中可以折騰。他們還有很多的時間，允許犯一些錯誤，多數人感覺不到死亡潛伏在身邊，為了生活，每天奔波在外，感覺不到時間向前流淌。沒有思考過生與死，如何看待生命的終結。當有一天，病中躺在床上，活下去的力氣都很少時，死亡真的來臨。有幾個人能夠不懼怕冷酷無情，平靜地對待？陶淵明是極少數人中的一個。

生死是正常的，不論是帝王將相和門閥貴族，還是普通的老百姓，從出生那天開始，就知道最終的歸宿。陶淵明是讀書人，有自己的思想體系，他不相信有來生，或靈魂不滅。他直截了當地說：「魂氣散何之，枯形寄空木。」也就是說，人死後，靈魂早已散盡，不知到哪裡去，只剩下無生命氣息的軀體，躺在窄小的棺木中。

陶淵明灑脫的態度，又不失幽默，病浸透到肌體中，無藥可救治，聽到死亡的召喚。在病痛的折磨中，他不是害怕什麼，卻在設想哀悼的情景：「嬌兒索父啼，良友撫我哭。」只是用想像減少病痛，

安慰自己一下。在一場悲痛的儀式中，切斷和世界的聯系，從此兩不相關。哭聲再高，來的人再多，場面再宏大，一切都是演戲。躺在棺木中看不見，也聽不到說什麼。他感慨地說：「得失不復知，是非安能覺？」蓋棺定論，一個人身後的評價，又有何用處呢？陶淵明在《擬輓歌辭三首》詩云：

　　有生必有死，早終非命促。
　　昨暮同為人，今旦在鬼錄。
　　魂氣散何之？枯形寄空木。
　　嬌兒索父啼，良友撫我哭。
　　得失不復知，是非安能覺？
　　千秋萬歲後，誰知榮與辱。
　　但恨在世時，飲酒不得足！

　　昔在無酒飲，今但湛空觴。
　　春醪生浮蟻，何時更能嘗？
　　肴案盈我前，親舊哭我傍。
　　欲語口無音，欲視眼無光。
　　昔在高堂寢，今宿荒草鄉。
　　荒草無人眠，極視正茫茫。
　　一朝出門去，歸來夜未央。

　　荒草何茫茫，白楊亦蕭蕭。
　　嚴霜九月中，送我出遠郊。

四面無人居，高墳正嶕嶢。

馬為仰天鳴，風為自蕭條。

幽室一已閉，千年不復朝。

千年不復朝，賢達無奈何。

向來相送人，各自還其家。

親戚或餘悲，他人亦已歌。

死去何所道，託體同山阿。

朱光潛在《談美·談文學》中指出：「詩人的思想和感情不能分開，詩主要的是情感而不是思想的表現。因此，研究一個詩人的情感生活遠比分析他的思想還更重要。談到感情生活，正和他的思想一樣，淵明並不是一個很簡單的人。」[3]

　　讀陶淵明的《自祭文》《擬輓歌辭三首》，沒有悲感和絕望和感傷，有的恰恰是睿智、清醒、客觀、豁達，由此看出陶淵明的思想境界。許多人稱讚，想模仿他的詩歌，可是沒有他的境界，又怎麼能學到風格？

　　陶淵明把世俗看作是一個世界，把自己所嚮往的看作是另一個世界，因而便時時有孤獨之感了。在我們讀任何人的詩集時，恐怕再也沒有像讀陶淵明的詩集時所接觸的那樣瀰漫孤獨的感覺了。從第一首《停雲》起，就說，「八表同昏，平路伊阻，靜寄東軒，春醪獨撫」，在這裡就彷彿已經有一種冷然的子身孤立的感覺向人襲來，我們真不

3　　朱光潛著：《陶淵明》，引自《詩論》第十三章，南京：正中書局，1948 年版。

曉得他為什麼是那樣的寂寞！在不經意地瀏覽時，由於他用的語氣之和緩，我們也許覺得他是在平靜著，甚而在歡笑著，然而仔細吟味下去，就覺得他是那樣的寂寞，——可怕的寂寞！

他彷彿經常是沒有遊侶，沒有酒伴。在《時運》那首詩的序上說，「偶影獨遊，欣慨交心」，他的伴兒就是自己的影子；偶爾的賞心樂意和積久的感慨，也沒有第二個人可以訴說，或者共鳴。在那首詩文裡，意思就更明顯，「清琴橫床，濁酒半壺。黃唐莫逮，慨獨在余」，酒是自己喝，牢騷是自己聽。《時運》只是集中第二首詩，以孤獨為主要的旋律，又令我們直覺上感到是承襲著第一首《停雲》，而作如線索，又貫串著全集的。果然，就是到了他那最後一篇文章《自祭文》，也仍然說：「惟此為年，夫人愛之，懼彼無成，愒日惜時。存為世珍，歿亦見恩。嗟我獨邁，曾是異茲。」於是他乃是一生獨往，一直到死了。[4]

「獨往」兩個簡單的字，組合在一起，道出人生的行為方式。「獨」對於陶淵明不是怪癖，而是精神的坐標。陶淵明歸隱田園，不是每天閒遊大地，兩耳不聞世上事，一心只讀聖賢書。他不僅是田園詩人，又是一位憂憤的社會詩人。他對人生不能施展抱負，懷有一種遺憾。他的性格矛盾，也是真實的。

---

4   李長之著：《陶淵明傳論》，第 169—170 頁，天津：天津人民出版社，2015 年版。

三

深秋的季節，庭院的荒草蔓延，茅草屋在寒風中飄搖，似乎頃刻倒伏。屋裡躺在病床上的陶淵明，無力地坐起身來，走進秋天的大地。桌上的酒杯早已經變得空蕩，此時只是一個符號，記憶中美好的往事。病中的詩人，不能再豪飲美妙的酒液，看著曾經帶給他歡樂的酒杯。從窗口向外眺望，捕捉一隻飛翔的鳥兒，想鋪開紙，寫一首充滿激情的詩。

生老病死是上天的安排，陶淵明希望葬禮從簡，不要奢侈浪費，那樣在地下心會不安的。況且他這樣的貧士，談不上大操大辦，不可能有多少人參加。

陶淵明說過，不必把墳堆得太高，墓地邊上種植樹木，這些都是為了做明顯的標記，讓後人憑弔紀念。他認為清白地來到世界上，清白地離開，讓人忘掉他的名字，便是自己最後的願望，因為，生前的名譽已看輕，「人生實難，死如之何」。

元嘉四年（公元 427 年），陶淵明六十三歲，這年的十一月，詩人便去世了。陶淵明終於瘧疾病，這是按時發冷發燒的急性傳染病。在忽冷忽熱的交替中，他離開這個世界。顏延之的誄文中寫道，陶淵明主動放棄治療，不願忍受病痛的折磨。從顏延之的敘述，說出陶淵明的喪事，沒有廣發訃告，不收朋友的賻贈，一如他活著時候所倡導的生活，簡單地辦個喪事。不按照世俗的習慣，選擇風水好地，只要一塊地方安身即可，他的「神辨自然」生命觀，堅守生命的最後。

「死去何所道，託體同山阿。」依照陶淵明的遺囑，他一生的經歷，掩埋在青山綠水之間，追隨他一生安貧樂道、高潔寧靜的靈魂樸素地離去。

POSTSCRIPT ————————————————— ———

寧願讓生活是神聖的悲劇

　　1992 年，我在一家小書店買到《陶淵明集全譯》，書的封面是仇英畫的《桃源仙境圖》的局部。「採菊東籬下，悠然見南山」「不為五斗米折腰」，是我喜歡的文字，甚至在寫的文章中賣弄。那時我年輕，不理解它們的意思。

　　二十多年後，我寫陶淵明傳，找出了這本《陶淵明集全譯》，把它擺放在工作台上，我們面對面。陶淵明的每一個文字，如同播下的樹種，在時間中長成茂盛的大樹。摘下一枚葉子，順著莖絡尋找他的蹤跡。

　　陶淵明是不被時代喜歡的詩人，因為他的思想不符合那個時代的主流標準，他的詩不是文壇霸主眼裡所謂的詩。陶淵明去世七十四年後，昭明太子喜愛陶淵明的詩，深刻地指出：「淵明文章不群，辭采精拔，跌宕昭彰，獨超眾類。」一個「不群」，道出他的特立獨行，不可能迎合時代的口味，讓精神變成媚骨。

　　這個秋天，我幾乎脫於現實的生活，披掛史料，引據查典，掰開

陶淵明詩中的每一個字，呼吸田園的氣息，聞到菊花的芳香、散發的酒香。陶淵明的詩，令我大開眼界，品味到中國古典文字韻律的美，「見素抱朴」的人格精神。每天行走在一千多年前，和那些遠去的古代大師們相遇。陶淵明的每一首詩都是獨立的生命，每個片斷記載生命的事蹟，需要情感和思想撐成的繩子，串起一塊塊散落的簡牘，形成一本厚重的書。我渴望打開這本書，走進陶淵明的世界，讀他的人格，一身的傲骨，質直的一生。陶淵明是一座聳立的高峰，我們很難登上頂峰，站在巨人的肩上，俯看滾滾紅塵。大衛‧梭羅指出：「我寧願我們的生活是一場神聖的悲劇，而不願它是一場平凡的喜劇和鬧劇。」[1]

　　讀書是艱難的尋找，沒有精神品質的人，絕不觸摸矗立在時間深處的經典大作。因為這種閱讀，不會帶來輕鬆的娛樂，它是關於人性的沉重，苦難壓抑了人的情感。在書中，找不到傻傻的開心，逗得哈哈大笑。

　　我喜歡的閱讀，窗外一片黑暗，城市安靜下來，在檯燈的光線

1　[美]大衛‧梭羅著：《遠行》，第124頁，北京：光明日報出版社，2012年版。

下，讀一本大書。每一次閱讀，其實是舉行一種儀式，滌淨雙手，帶著虔誠進入神的聖殿。學會使用書籤，絕不要摺頁做標記，留下破壞的傷痕。身邊放個本子、一支筆，記下讀書的感受。讀書不是看熱鬧，想看離奇的故事，品嚐心靈的雞湯。閱讀的經典，文字和帶體溫的情感碰撞，爆發一道思想的閃電。

讀什麼書，怎麼讀，看似簡單的問題，則是在選擇一條道路。人離開書，如同魚兒離開水，植物離開大地的泥土。

經典的書淋過時間的風雨，絕不會輕飄。雪山似的泛著晶瑩的光芒。它是路標，寫作者的長旅，必須通過閱讀經典，擴大自己的精神領地。每個人的經歷不同，情感的世界不一樣。每一次閱讀，摸到書頁時，文字牽引思緒走向遠方。

讀書人和書建立情感，不會因為生活瑣事的干擾，放棄對書的閱讀。他要排除一切困難，爭取時間，撫摸一下書，減輕心頭的掛念。

每天早飯後，第一件事情是去黃河大堤散步。秋天大堤兩邊的楊樹林，樹葉乾枯，脫離母體，在空中飄散。這是落葉雨的季節，樹葉落地的沙沙聲，恰似碎雨，有迷人的韻味。林間鳥兒的叫聲，堤下村莊裡的狗吠，公雞的啼鳴，讓人忘記城市中的喧囂。只是不時有汽車

奔來，鳴笛聲撕破鄉路的靜謐。我在想陶淵明創造的理想國，那裡世間的萬物存在，大山阻擋外面的世界，人們恬靜地生活。當下造化混亂的時代，人們渴望有一處桃花源，逃避現實的殘酷無情。

每天讀老版的《陶淵明集全譯》，寫他一生的傳記，也磨煉心性，修補精神脆弱的地方。

這本書不是學術研究著作，它是閱讀中的一次精神旅程，對陶淵明蹤跡史的感受。在漫長的寫作中，我把自己封閉起來，拒絕一切外面的活動。在陶淵明的詩歌中行走，記下感想和激動，這是我寫作歷程中的一段重要日子。

秋一天天地深遠，結束在晉代的尋找。陶淵明給我們留下的不僅是他的詩，更重要的是做人的傲骨。

2016 年 10 月 1 日於抱書齋

昌明文庫・悅讀人物 A0603038

歸去來兮陶淵明

作　　　者	高維生	
特約編輯	王世晶	
發 行 人	陳滿銘	
總 經 理	梁錦興	
總 編 輯	陳滿銘	
副總編輯	張晏瑞	
編 輯 所	萬卷樓圖書股份有限公司	
排　　版	菩薩蠻數位文化有限公司	
印　　刷	百通科技股份有限公司	
封面設計	菩薩蠻數位文化有限公司	

出　　版　昌明文化有限公司
桃園市龜山區中原街 32 號
電話　(02)23216565
發　　行　萬卷樓圖書股份有限公司
臺北市羅斯福路二段 41 號 6 樓之 3
電話　(02)23216565
傳真　(02)23218698
電郵　SERVICE@WANJUAN.COM.TW
大陸經銷
廈門外圖臺灣書店有限公司
　　電郵　JKB188@188.COM

ISBN 978-986-496-368-3
2019 年 7 月初版二刷
2018 年 3 月初版一刷
定價：新臺幣 320 元

如何購買本書：
1. 劃撥購書，請透過以下郵政劃撥帳號：
　　帳號：15624015
　　戶名：萬卷樓圖書股份有限公司
2. 轉帳購書，請透過以下帳戶
　　合作金庫銀行　古亭分行
　　戶名：萬卷樓圖書股份有限公司
　　帳號：0877717092596
3. 網路購書，請透過萬卷樓網站
　　網址 WWW.WANJUAN.COM.TW
大量購書，請直接聯繫我們，將有專人為您
服務。客服：(02)23216565 分機 610

如有缺頁、破損或裝訂錯誤，請寄回更換
版權所有・翻印必究
Copyright©2018 by WanJuanLou Books CO.,
Ltd.All Right Reserved　　**Printed in Taiwan**

國家圖書館出版品預行編目資料

歸去來兮陶淵明 / 高維生著. -- 初版. -- 桃園
市：昌明文化出版；臺北市：萬卷樓發行,
2018.03
　　面；　　公分. -- (昌明文庫. 悅讀人物)
ISBN 978-986-496-368-3(平裝)
1.(南北朝)陶潛 2.傳記
782.832　　　　　　　　　　　　107004081

本著作物經廈門墨客知識產權代理有限公司代理，由二十一世紀出版社集團授權萬卷
樓圖書股份有限公司出版、發行中文繁體字版版權。